JN410016

만나고 헤어지는 길목에서

김하영 수필집

교음사

빗소리에 잠이 깨었다. 창문을 여니 후드득 비가 내리고 있다. 빗물을 잔뜩 머금은 나뭇잎들이 바람에 살랑이며 손짓을 한다. 우산을 챙겨 집을 나섰다. 놀이터 담벼락에 진분홍, 보랏빛 나팔꽃들이 활짝 웃으며 반겨준다. 뒤따라온 그이와 말없이 아파트 산책로를 걸었다. 이른 아침에 문을 연 빵집에서 뜨거운 아메리카노에 따뜻한 소보로, 갓 튀겨 낸 크로켓에 조금 마음이 편안해졌다. 고맙고 감사하다. 건강하게 누릴 수 있는 이 작은 행복이.

유난히 무덥던 올 여름 남편이 급한 일을 끝내고 홀가분한 기분으로 도쿄여행을 함께 했다. 그 동안 일을 처리하느라 무리를 했는지 탈이 났다. 난생처음 응급실을 찾았다. 침대가 없어 야외벤치에서 링거를 맞으며 지쳐 잠든 그이 곁에서 마음 졸이며 검사 결과를 기다리는 동안, 온갖 상념이 오가곤 했다.

어떻게 사는 것이 잘 사는 걸까. 아직도 잘 모르겠다. 너무 팽팽하게 살아온 것은 아닐까. 뒤도 돌아보며 천천히 사는 게 나을 듯 싶다.

문학소녀의 꿈을 안고 살다가, 학업과 결혼, 육아와 일, 엄마와 아내를 천직으로 알고 살던 어느 날, 후쿠오카 시민문예에서 상을 받게 되어 다시 글을 시작하게 되었다. 서울과 일본을 오가며 생활 속에서 느낀 삶의 순간들을 담아보고 싶었다. 오에 겐자부로(大江健三郎) 선생, 오바짱, 후쿠오카・도쿄의 윤동주 시를 사랑하는 이들, 삿포로 유치원 엄마들,

아멘스이 동인, 도쿄 친구 하루코……

소중한 추억을 남겨준 많은 만남들. 나는 그런 만남을 좋아한다. 만나고 헤어지는 길목에 서면 쓸쓸함이 남기도 하지만, 기쁨으로 충만 되는 경우도 많다. 글을 쓸 때면 아직도 부족함을 느낄 때가 많지만 더는 미룰 수 없어 묶기로 했다.

일본에서 생활하며 우리 문학을 더 알리지 못해 아쉬워하던 터에 월간 『수필문학』에서 일본수필 연재 의뢰를 받았다. 수많은 일본 수필집과 작가들을 접하며 내 맘에 와 닿는 수필을 정하고, 작가의 의도를 살리는 번역작업은 내가 글을 쓰는 것보다 오히려 더 힘들 때도 있었다. 매달 작품을 소개하다보니 어느덧 훌쩍 4년이 넘었다. 그때마다 뿌듯함과 아쉬움이 남았지만, 많은 공부가 되었다.

한·일문학에 대한 조명과 격려를 담아 귀한 서평을 주신 정목일 한국문인협회 부이사장님, 늘 앞으로 나아가도록 이끌어주신 임헌영 선생님, 일본 에세이 연재와 책을 예쁘게 만들어 주신 수필문학사 강석호 회장님, 편집국 이자야 선생님, 그리고 항상 삶의 미학과 호흡을 나눈 한국과 일본의 여러 문우(文友)들께 감사의 말을 전하고 싶다. 끝으로 아쉬움이 남는 글을 늘 함께 읽어주고 의견을 준 사랑하는 그이와 가족들에게도 고마움을 전한다.

2016년 가을 초입에 김하영

1 비오는 날의 스케치

2 오에 겐자부로를 만나다

1

비오는 날의 스케치

우산 속에 몸을 들여 넣고 걷노라니 싱그럽게 우거진 진초록의 가로수 아래로 촉촉이 적셔지는 아스팔트 보도가 더없이 가까운 친구 같다. 평상시 별 느낌 없이 걷던 이 길도 말끔히 씻겨 상쾌하다. 아~ 얼마나 이 도쿄에 있게 될까! 내 발걸음에 맞춰진 적당한 속도감이 시야에 들어오는 풍광들과 어우러져 이런저런 생각들이 스크린처럼 흐른다. 참으로 가족이 소중하다는 생각이 새삼스럽게 스친다.

바람결에 우연히 만나다

우리 만남은 우연이 아니야/ 그것은 우리의 바램이었어

가수 노사연의 노랫말처럼 M 교수님을 다시 만난 건 우연한 만남이 아니라 정말 바램이었을까. 아주 오랫동안 만나고 싶던 친구를 다시 만난 것처럼 무척 반가웠다.

때로 아주 짧은 순간이지만 "그 때는 참 감사했다."는 말을 전하고 싶었다. 그런데 살다보면 어디 그런가. 나처럼 생각은 많지만 실행에 옮기는 게 게으른 사람이야 더더욱 그렇다.

한국에 IMF 외환위기로 한창 어려움을 겪던 1999년 가을쯤 후쿠오카에 살 때였다. 그때 공부하던 후쿠오카 대학원에서 부산에 있는 대학으로 학회 참석차 가던 배안에서 우연히 옆자리에 앉았던 분이 그 교수님이다.

그 분은 부산대학에 특강을 의뢰받고 가던 참이었고, 나는 학생으로 학회에 참석하기 위한 길이었다.

일본에 살면서 내가 살던 서울을 비행기로 여러 번 오고 갔지만, 배로 그것도 부산에 간 것은 난생처음이었다. 더구나 학회가 끝나면 잠시 주말을 이용해 친정에 다녀올 요량으로 이것저것 챙기다보니 짐이 늘었다. 지금 생각해봐도 미련하기 짝이 없어 웃음이 나온다.

비행기만 타 본 나는 그 큰 트렁크를 끌고 배에서 내려 출국장까지 가는데 무척 힘이 들었다. 높낮이차가 있어 울퉁불퉁 엉성하기 짝이 없는 길을 이동하는 게 그렇게 불편한 줄은 몰랐다.

많은 인파 속에 겨우 출국 수속을 마치고 나가려는 데 신경이 쓰이셨는지 웃으시며 가방을 들어 주신다. 대부분 부산 사람들이라 외국인은 많지 않아 그분은 일찍 끝났을 터라 더욱 죄송하여 사양하는 내게 괜찮다며 흔쾌히 택시에 올려 주시고, 안심하신 듯 총총히 손을 흔들며 마중 나온 차량에 타고 가시는 게 아닌가.

별 생각 없이 괜히 이것저것 챙긴 내가 미련해 보여 어디 쥐구멍에라도 들어가고 싶은 민망함과 고마움이 교차하는 묘한 기분이었다. 그분께서 안 도와주셨다면 엄청 쩔쩔 메었을 상황이었다.

호텔을 향해 달리는 택시 안에서, 학회에 참석하러 가면서 쓸데없이 오지랖 넓게 챙긴 짐들이 후회되고 바쁜 일정 중에 챙겨 주신 마음이 내내 감사했다. 후쿠오카에 돌아가면 주신 명함으로 감사함을 담아 꼭 엽서라도 드려야지 하고 호텔로 향했다.

내가 만일 M교수님이었다면 일정이 바쁜데 가능했을까?

그렇게 시간은 흐르고 그야말로 불어오는 바람처럼 우연히 다시 만난 건 '후쿠오카를 국제화 하는 모임' 발족회였다.

어느 일요일 오후, 우리 부부는 교회에서 성가대 연습을 하느라 조금 늦었다. 행사는 이미 시작되었고, 행사장에 들어가기 위해 프런트에서 초대장으로 확인하는 자리였다. 이곳에서 M 교수님과 눈이 딱 마주쳤다. 깜짝 놀라 어인일이시냐고 묻자 그분도 행사에 참석하러 오셨다는 것이다. 반가웠다. 남편에게 이미 고마웠던 일을 말해두었기에 금방 소개할 수가 있었다. 두 사람은 명함을 교환하고 반갑게 모임에 참석했고, 다음에 꼭 모시겠다고 인사를 했다.

약속대로 사모님과 함께 한국음식점에서 즐거운 시간을 가졌다. 교수가 된 한국 제자의 초대로 자제분들이 초등학교 때 가족이 한국에 갔을 때의 앨범을 가져 오셔서 많은 이야기를 나누었다. 다음엔 우리를 꼭 초대하겠다는 말씀을 하시고 아쉬운 시간을 뒤로 했다.

가을이 깊어 가던 어느 날 우리는 교수님댁에 초대되었다. 한가로운 주택가의 이층집. 눈앞에 펼쳐진 넓은 들판에는 벼들이 익어가고 모퉁이에 매어둔 큰 개가 낯이 선지 경계를 한다.

탁 트인 마당에서 바비큐와 닭다리를 듬뿍 넣고 푹 끓인 구수한 카레가 그렇게 맛있을 줄이야!

초대된 사람들은 대부분 여러 나라에서 온 박사과정의 제자들이었고, 한국 사람은 다른 한 커플이 있었는데, 물론 교수님의 제자였다. 잠시 이런저런 이야기를 나누다 깜짝 놀랐다. 그 제자의 젊은 부인은 지인에게 소개받아 다음 주부터 국제학교에서 공부하던 딸애와 그룹으로 영어 과외를 하기로 전화로만 주고받던 선생님이었다. 이렇게 초면 인사를 하다니 놀랍고 반가웠다.

그 뒤로도 남편과 교수님은 서로 자신이 하는 일들을 알아가면서 좋은 인상을 갖게 되었다. 남편은 언젠가 노벨상을 받는 게 아닌가 할 정도로 그분의 업적에 놀라워했다.

어느 날 남편만 초대를 받았다. 자세한 말씀 없이 꼭 오라는 당부를 하셨다. 같은 날 그이는 꼭 참석해야 할 행사가 있어 약속 시간에 조금 늦을 텐데 실례가 안 될지 걱정하자 전혀 괜찮다며 흔쾌히 말씀하셨단다. 늦어서 허겁지겁 들어가자 들어오는 남편을 보고 그 교수님이 아닌, 부산에서 온 교수 한분이 벌떡 일어났다.

"어~ 어~" 반가운 소리를 내며 손을 내미는 그는 그이의 고교시절 서로 집을 오가며 가까이 지냈던 친한 친구였다. 이게 웬일인가. 이런 우연이 또 있단 말인가. 그 자리는 부산공대대학원. 포항공대대학원. 큐슈공과대학원이 자매결연을 논의하는 교수모임이었고 남편과는 관계가 없는 자리였다.

모두들 놀라 정말 '스몰 월드'라고 입을 모았다고 한다. 후쿠오카도 인구 백만 명이 넘는 도시인데 만날 때마다 어찌 이런 우연이 매번 있단 말인가!

참 이상하고 놀랍고 신기한 일이다. 옷깃만 스쳐도 인연이라는데….

더 선하게 베풀며 잘 살라는 메시지인가.

만나고 헤어지는 길목에서

하루코!

그녀를 만난 지 그리 오래되지는 않았다. 지난 3월 중순의 음악회였다.

롯폰기 잇초메(六本木一町目)의 산토리홀(Suntory Hall). 음향이 좋고 아름다워 카라얀이 '음악의 보석상자'라 절찬했던 그곳에서 '아시아 3대 테너경연'이 있었다. 어느 연주회보다 잔뜩 기대에 부풀어 기다리고 기다리던 날이었다.

저녁 7시 개연(開演)에 맞추어 늦지 않게 홀 입구에 들어서자 주최 측 관계자들이 한껏 차려입고 온 관객들과 친숙하게 인사를 나누느라 분주했다. 도쿄의 한 기업체에서 1년에 한두 차례씩 음악회를 열어 평소 관련된 사람들을 초청하는데 고맙게 우리 부부도 초대를 받았다.

한·중·일 테너 글로벌 산토리홀

도쿄에서도 좀처럼 만나기 쉽지 않은 한국, 중국, 일본의 테너들을 함께 하는 기회라 그런지 관객들도 유독 화기애애하고 황금빛 조명이 유난히 따뜻해 보였다.

한국가곡 '신 아리랑'을 비롯하여 익숙한 푸치니(Giacomo Puccini)의 『토스카』 중 '별은 빛나건만' 그리고 '카타리·카타리', '돌아오라 소렌토로' 등 10여 곡이 이어졌다.

휴식시간, 남편의 소개로 우연히 옆자리에 앉았던 그녀와 인사를 나누었다. 갈색 슈트에 아이보리의 니트 셔츠를 깔끔하게 받쳐 입었고, 일본인들이 좋아하는 산뜻한 느낌을 주는 샤기 커트(shaggy cut)가 세련되고 정갈해보였다. 이런저런 얘기 중에 한국에 관심이 많은 걸 알게 되었다.

나도 잘 모르는 한국 드라마를 즐겨보고 서툴지만 몇 마디의 한국말을 했고, 지금도 공부는 하고 있는데 좀처럼 외워지지도 않고 늘지도 않아 고민 중이라며 소리 내어 웃는다. 그러다보니 자연스레 한국음식을 무척 좋아하게 되었고 탤런트 강지환을 좋아한단다. 분위기가 무르익고 의기투합한 우리는 짧은 시간이 아쉬워 다시 만나기로 약속을 했다.

내가 먼저 한국음식집으로 초대를 했다. 어디가 좋을까 이리저리 고민하다 언젠가 한번 가보려던 욘 사마가 운영한다는 메구로(目黑) 근처의 '고시레(高矢禮)'로 정했다. 지하철에서 멀지는 않아도 찾기가 쉽지는 않아 역에 조금 일찍 도착하여 두리번두리번 찾고 있는데 그녀도 같은 생각이었는지 딱 마주쳤다. 오랜 친구처럼 손을 흔들며 서로 반겼다.

식당은 소문대로 깔끔하고 고급스러운 분위기였고 욘 사마 팬들로 보이는 중년부인들이 호호 하하 웃으며 삼삼오오 식사하는 모

습이 즐거워 보였다. 예약한 런치를 먹으며 이런저런 애기가 오갔다. 사실 두 번째의 만남이라 기대와 설렘도 있었지만 조금 조심스러움도 있었는데 그녀가 의외로 솔직하고 진솔하여 마음이 편했다.

그녀는 공무원의 아내로 제네바와 파리에서 7, 8년 주재한 경험이 있다. 그러다보니 나처럼 귀국 후 사춘기 아이들이 학교생활에 적응하기 힘들어 이래저래 마음 졸이며 고생했던 일들. 그리고 해외에서 그때그때 나름대로 즐겁고 어려웠던 일들을 시간가는 줄 모르고 저녁 무렵까지 스스럼없이 나누다가 아쉬워하며 헤어졌다.

나보다 조금 연상인 그녀도 나도 아들, 딸 중 딸애들이 조금 더 욕심이 많고 아들들이 좀 더 느긋하다며 은근히 아이들 흉(?)도 보고 걱정도 하다 보니, 어느덧 오래전부터 만나던 학교친구처럼 친숙하게 되었다. 딸애가 겨우 취업을 하고나니 이젠 졸업을 앞둔 아들이 걱정인 나처럼 그녀도 바람 잘 날 없기는 마찬가지인 것 같다.

이후 몇 차례 메일과 함께 찍은 사진이 오가고, 이번엔 롯폰기(六本木)의 일본요리 '히시누마(菱沼)'로 내가 초대를 받게 되었다. 역에서 내리자 출구에서 반갑게 맞아준다. 원래 가려던 곳이 휴일이라 식당을 바꿨단다. 저녁엔 예약 없이 갈 수 없지만 점심은 특선 코스라 비싸지 않다며 좀 부담스러워하는 내게 웃으며 살짝 귀띔을 해주었다.

조용하고 깔끔한 주방으로 눈을 돌리자 주방장과 눈이 딱 마주쳤다. 어디서 많이 본 듯 안면이 있다고 했더니 TV 요리교실에 출연한다고 했다. 보기 좋은 떡이 먹기도 좋듯 눈을 현혹 하는 요리는 대만족이었다. 메뉴가 거창하지 않고 몇 가지의 정성스런 요리가 맛도 좋고 먹고 난 후 부담 없이 적당히 포만감도 있었다. 그녀의 센스가 돋보였다.

같은 건물 내 취미용품점에서 다음날 남편이 핀란드에 출장을 간다며 지인에게 줄 간단한 선물을 고르는 그녀 곁에서 나도 예쁜 엽서를 사고 우리는 조용한 찻집 '크로바(クローバ)'로 자리를 옮겼다.

홍차와 케이크를 사이에 두고 담소를 하는 동안 지난번보다 훨씬 밝아진 이유를 알았다. 아들이 결혼을 앞두고 분가를 했다는 것이다. 빠듯한 월급으로 데이트하랴 취미 생활하랴 끙끙대며 가끔 꼭 갚을 터이니 돈 좀 빌려 달래도 애써 모르는 체 하기가 쉽지는 않았단다. 밥값도 안 받고 먹여주는데 그만한 돈도 없나 싶어 딱하기도 했지만 꾹꾹 참았단다.

보통 일본가정에서는 자녀가 대학을 마치고 취업을 하면 집에서 다닐 경우 밥값으로 하루 천 엔씩 계산하여 한 달에 삼만 엔 정도를 암묵적 룰처럼 부모에게 지불한다. 부모는 대개 그 돈을 모아 결혼 후 집장만 할 때 보태 준다. 사실 어떤 면에서 밥값은 취업을 하면 부모로부터 독립한다는 의미이기도 하다.

그런 문화 속에서 자연스레 독립해서 별 걱정 없는 큰 딸애에 비해, 착하기만 한 둘째가 답답하기도 하고 딱하기도 했는데 결혼할 며늘애를 만나고보니 너무 참하고 예쁘더란다. 만일 둘이 싸우면 엄마는 철저히 며늘애 편이 될 생각인데 괜찮은지 물으니 좋다고 했단다. 배려 깊은 젊은 시어머니의 옆모습을 살짝 훔쳐본 듯 보기 좋다.

어느 덧 거리에 해가 지고 돌아오는 지하철역이다.

찻값을 낸 것에 대한 마음일 테지만 좀 전에 샀던 출장선물 중 하나를 기어코 핸드백에 넣어준다. 돌아갈 길이 나보다 먼데도 전차가 보이지 않을 때까지 손을 흔들며 배웅해주는 그녀의 마음이 따뜻하게 전해졌다.

몇 번 만나진 않았지만 이래저래 마음 깊은 얘기를 나누어서일까.

만나고 헤어지는 길이 흐뭇하고 충만해서일까. 기분 좋게 흔들리는 전차 안에서 하나코를 생각하며 어느 새 나는 유안진(柳岸津)시인이 꿈꾸던 「지란지교(芝蘭之交)」를 만난 듯하다.

… 저녁을 먹고 나면 허물없이 찾아 가 차 한 잔을 마시고 싶다고 말할 수 있는 친구가 있었으면 좋겠다.

입은 옷을 갈아입지 않고 김치 냄새가 좀 나더라도 흉보지 않을 친구가 우리 집 가까이에 있었으면 좋겠다.

비 오는 오후나 눈 내리는 밤에 고무신을 끌고 찾아가도 좋을 친구,
밤늦도록 공허한 마음도 마음 놓고 보일 수 있고
악의 없이 남의 얘기를 주고받고 나서도 말이 날까 걱정되지 않는 친구가.

엄마의 국화꽃

친정어머니는 2000년 12월 세밑을 앞둔 어느 날 전남 영광의 어느 거래처에서 가슴 벅찬 기쁜 소식을 접했다. 막내아들이 그토록 마음 졸이며 기다리던 대기업 합격소식이었다. 휴대폰 너머로 들려오는 아버지의 목소리도 들떠있었다.

대학을 졸업하고도 모두들 취직이 어려운 때라 옆에 있던 거래처 사장님과 아주머니들도 함께 기뻐해 주셨단다. 그 많은 자식들 공부시키느라 허리 휘도록 고생 하시더니 이제 막내아들까지 취직되어 장하고 존경스럽다는 찬사에 고맙고 부끄러워 몸 둘 바를 모르셨단다.

친정 부모님은 직물공장을 운영하시며 자식들을 뒷바라지 하셨다. 주로 기저귀감과 이불을 만들 때 제일 먼저 처음 싸는 안감 등을 만드셨다. 주문이 들어오는 대로 여기저기 거래처로 물건을 보내고 나면, 그때그때 형편에 따라 어머니가 시장 상황도 파악하고 수금을 하기 위해 나가신다. 요즈음은 기저귀도 빨기만 하면 뽀송뽀송하던 순면에서 일회용 종이기저귀가 많아지고, 침대가 일상화되다보니 이불문화도 바뀌어 수요가 많이 줄었다. 그마저도 섬유가 중국의 싼 노동력에 밀려 점점 설 자리를 잃어가니 불경기에 수금 또한 쉽지 않았을 것이다.

그날은 전주거래처에 들러 전남 영광까지 다녀오시는 길이었다고 한다. 유난히도 날이 추워 살을 에는 칼바람이 뼈 속까지 스며들었지만 추운 줄도 몰랐단다.

슬하에 딸 여섯을 내리 낳고 아래로 두 아들을 두었으니 당신의 고생인들 어찌 다 표현할 수 있으랴!

막내는 어머니가 마흔둘에 낳은 아들이다. 말하자면 맏딸인 내가 고1때 태어난 셈이다. 겉으로 내색은 안했지만 한창 사춘기였던 나는 형제이야기만 나오면 왠지 쥐구멍에라도 들어가고 싶었고 괜스레 부모님이 원망스럽기도 했다. 일곱이나 되는 동생들을 생각하면 무언지 모를 막연한 부담감을 느꼈다.

그런 내 마음을 아셨을까 모르셨을까?

부모님 또한 늦게까지 막내아들 뒷바라지 못하실까봐 늘 마음조리시며 노력하셨다.

막내가 대학 4학년이던 여름, 친정 식구들이 다 같이 모여 모처럼 단란한 휴가를 보내고 있었을 때 "내가 늦게까지 자식 낳은 죄(?)로 우리 막둥이 대학공부 책임 못 질까봐 얼마나 신경 쓰면서 살았는지 너희들은 모를 것이다." 라고 하실 만큼 그간의 편편치 않았던 당신 마음을 처음으로 실토하셨다.

나는 남편의 일본근무로 인해 오사카에서 막내 동생의 기쁜 소식을 전해 들었다. 나라 경제가 어려운 때인지라 매스컴에서는 어두운 소식이 많았고 그러다보니 젊은이들은 본인이 원하는 기업에 취직하기란 하늘의 별따기 만큼이나 어려웠기에 대견하고 고마웠다.

그런 일이 있은 지 한동안 우리 형제들에게는 토픽감과 낙수거리로 퇴근 후 저녁때만 되면 이집 저집 전화통에 불이 났다. 그 불은 현해탄을 건너 내게도 옮겨 붙었는데, 그 특종 뉴스의 내용인즉 어머니가 미당 서정주의 시(詩)『국화 옆에서』를 읊으셨다는 것이다.

막내아들의 합격소식을 휴대폰으로 전해 듣고 거래처에서 돌아오는 버스 안에서 어스름히 저물어 가는 풍경을 보니 그 시(詩)가 저절로 입에서 나오더란다.

한 송이 국화꽃을 피우기 위해
봄부터 소쩍새는
그렇게 울었나보다.

한 송이 국화꽃을 피우기 위해
천둥은 먹구름 속에서
또 그렇게 울었나보다

그립고 아쉬움에 가슴 조이던
머언 먼 젊음의 뒤안길에서
인제는 돌아와
노오란 네 꽃잎이 피려고

거울 앞에선 내 누님 같이 생긴 꽃이여
간밤엔 무서리가 저리내리고
내게는 잠도 오지 않았나보다

마지막 숙제 같았던 큰 짐을 내려놓은 홀가분한 마음이 아니셨을까! 집에 돌아오신 어머니는 막내 동생에게 그동안 애썼다고 말씀하시더니 이제 또 더 큰 새로운 시작이니 절대 교만하지 말고 직장에서도 최선을 다하고 열심히 살아야 한다. 나는 너희들만 사회에 나가 제 몫을 다하고 제대로 잘 살면 더 이상 바랄게 없다고 하시면서 황진이의 「벽계수」 중 일부를 읊어 주시더란다.

청산리 벽계수야 수이감을 자랑마라
일도창해하면 다시 오기 어려우니…

우리는 자라면서 한 번도 어머니가 그런 시를 알고 계신다고는 상상도 할 수 없었다. 그저 어머니는 늘 자식들 챙기고 먹이고 공부시키는 뒷바라지로 바쁘게 종종 걸음으로만 사셨기 때문이다.

자식은 부모의 등을 보고 자란다고 했던가!

철없던 사춘기 시절 형제 콤플렉스를 가졌던 나는 엄마가 되어보고서야 부모님의 자식 사랑에 고개가 숙여 질 때가 많다.

엄마의 국화꽃들이 모두들 제 자리에서 바르고 성실하게 살아갈 수 있게 해 준 큰 사랑에 감사한다.

국제 파출부

고등학교나 대학 중 하나만큼은 내 나라에서 다녀야 한다는 우리 부부를 보고 지인들 중엔 일부러 유학도 보내는데 왜 굳이 힘들게 사느냐고 묻기도 했지만, 결국 두 아이는 부모가 바라는 대로 한국에서 대학을 다니게 되었다.

그런 아들과 딸을 서울에 두고 우리 부부만 도쿄에 온지 벌써 2년이 지났다. 결혼 후 남편을 따라 서울과 일본을 오가며 살았다. 둘째 딸애를 첫 근무지인 오사카에서 낳은 후로도 삿포로(札幌), 후쿠오카(福岡)에서도 언제나 가족이 함께였다. 임기가 대개 3년 정도이다 보니 두 애들은 유치원, 초등학교, 중학교, 고등학교를 일본과 서울에서 보내게 되었다. 이제 겨우 안정될 만하면 또 전학을 하니 그때마다 말없이 받아들인

큰애와 달리 유난히 친구 좋아하고 공부도 욕심이 많은 딸애는 다리 뻗고 엉엉 울며 힘들어 했다. 그럼에도 불구하고 사춘기와 더불어 힘든 시간들을 낯선 이국에서 잘 견뎌주어 고맙기도 하다.

착하고 고분고분하던 딸애가 대학생이 되더니 동아리활동이다 뭐다해서 늦은 귀가로 애를 태우고, 어쩌다 치마가 짧다고 하면 나는 영락없이 시대에 뒤떨어진 답답한 엄마가 된다. "제발 공부는 쉬어가며 적당히 해라"며 말리는 엄마가 되고 싶은 게 내 꿈인 줄도 모르고, 어려운 공학공부는 필요 최소한이고 음악, 영화, 게임이 전공으로 보이는 아들놈이 얄미워 아이들과 떨어져 살아 보고도 싶을 때쯤이었다.

마침 정당한 명분이 생겨 한정된 시간을 멋지게 보내려는 다짐을 했고, 아이들에게도 독립할 수 있는 좋은 기회라고 생각했다. 아이들 희망대로 각자 대학 옆에 숙소를 마련해 주고 훌쩍 떠나왔다.

그런데 이건 또 뭔가! 나도 아이들도 독립 백신을 맞고 앓는 시간이 필요했나보다. 식중독으로 오밤중에 응급실에서 링거를 맞기도 하고, 과일은 꼭 챙겨 먹으라 했더니 시들한 토마토 꼭지를 따다가 엉뚱하게 과도에 찔려 몇 바늘을 꿰매기도 하고…

곁에 있을 때 잘 해줄 걸 후회가 되기도 하고, 맛있는 음식을 앞에 두고 자꾸만 목에 걸릴 때쯤엔 어느새 아이들 잘 먹는 것들을 트렁크 가득 채워 허겁지겁 비행기를 탄다. 개나리 보따리가 트렁크로 바뀌고, 완행열차대신 바다건너 비행기를 탔을 뿐 나는 영락없는 내 대학시절의 친정엄마의 모습이다.

남편의 와이셔츠며 옷 손질, 먹을 것을 챙겨놓고, 서울에 가서는 냉장고에서 상한 음식들부터 두 아이 이부자리와 계절이 바뀐 옷가지 세탁 등 할 일이 끊이질 않는다. 아이들은 괜찮다하는데도…

아이들에게 다녀온 후 감기몸살로 며칠을 호되게 앓았다. 식욕은커녕 아무것도 입에 대고 싶지도 않고 콧물이 줄줄 나와 발등에 떨어질 정도에다 재채기는 연발탄으로 나를 괴롭혔다. 혹여 서울에서 도쿄로 돌아오는 비행기 안에서 신종 인플루엔자에 감염이라도 된 걸까 ? 다행히 열은 없는데…

이 좋은 가을날! 그것도 내년 이 맘 때쯤엔 이곳 도쿄가 아니라 서울에 돌아가 있을 텐데 말이다. 젖 먹던 힘을 다해 일어나 보지만 마음뿐 헛일이다. 계절을 만끽하기는커녕 어느 덧 침대 속을 향해 흐느적거리며 잠만 자는 내가 한심하다. '국제 파출부'라더니 정말 맞나보다. 요즘 이곳에 있는 내 또래 부인들 사이엔 농담 반 진담 반으로 자신을 그렇게 자조(自嘲)하듯이 부른다.

열흘 가까이 침대와의 연애를 가까스로 끝내고 롯본기(六本木)힐스의 아리나(원형극장)에 나왔다. 도쿄에서 처음 열린 '한일축제 한마당'의 열기가 대단하다. 한국과 일본의 전통무용이 연이어 흥을 돋우고 마지막 하이라이트로 중요무형문화재인 무녀 김금화의 굿판이 절정을 이루더니 강강술래로 이어졌다.

분위기에 휩쓸려 엉겁결에 무리들 속에 들어가 한국인, 일본인 구별 없이 손에 손을 맞잡고 하나가 되었다. 흥을 돋우던 꽹과리 소리가 잦아들고, 정신을 차려 주위를 둘러보니 함께 춤을 춘 사람들 가운데 우리처럼 부부만 나와 있는 부인들이 유난히 눈에 띄는 것은 근자의 국제 파출부 후유증 탓일까.

10년 전 후쿠오카에 있을 때 지금의 내 나이였던 선배에게 두 분만 사시니 정말 부럽다고 했더니 "아이고 몸은 여기 있어도 마음은 세 아이가 있는 서울에 있다오. 나는 시간이 남아도는데 아이들이 밥은 제대로 해먹기는 하는지 달려가 먹이고 집도 좀 치워주고 빨래라도 해주고 싶어도 그저 생각뿐이라오." 하며 한숨 쉬던 엄마의 마음을 이제 조금 알 것 같다.

비 오는 날의 스케치

남편은 서울에서 열리는 한·중·일 회의에 참석하기 위해 3박 4일 일정으로 출장을 떠났다. 연일 피로가 쌓여 입맛이 없다기에 아침 6시에 일어나 야채 죽을 끓이고 몇 가지 과일을 억지로 권했다.

함께 집을 나서 그이는 나리타(成田)공항으로, 나는 일요일이라 다니는 동경교회로 향했다. 8시부터 성가 연습이라 조금은 여유가 있을 것 같아 부지런히 서둘렀지만 허사였다.

지하철에서 내리고 보니 그냥 곧바로 가야 할 시간이다. 교회는 JR(국철) 이이다바시(飯田橋)역 근처의 가구라자카(神樂坂)에 있다. 이곳은 드라마 '친애하는 아버님'의 배경으로도, 영화 촬영지로도 잘 알려져 있지만, 그보다 나는 골목골목 에도시대의 향취가 남아있는 크고 작은 주택들과 옛날 요정들, 운치 있는 전통찻집들과 이름 모를 꽃들이 언제와도 새로워 이곳을 좋아한다. 모처럼 고즈넉한 돌담길을 걸으며 휴일 아침 풍경을 만끽하려던 작은 소망은 다음으로 미뤄야 했다.

예배와 다음 주 성가 연습까지 마치자 보너스로 기다리던 샌드위치와 커피를 나눠준다. 받고 보니 내가 제일 좋아하는 햄에그 샌드위치다. 나도 아침을 굶었지만 모두들 몇 끼 굶은 사람들처럼 단숨에 먹는 표정들이 행복해 보인다.

아! 그런데 오늘은 행사가 있어 오후 2시부터 저녁식사 준비를 돕기로 한 걸 깜빡했다. 어쩐다? 시간이 어정쩡하여 집에 갔다 올수도 없고, 다시 교회로 와야 하니 말이다.

그래 지금부터 자유다. 2시까지 돌아오려면 멀리 갈 수는 없고, 아무튼 두어 시간을 이 근처에서 알차게 보내야 한다. 어디로 갈까! 아침에 못했던 산책이 생각났다. 그런데 내 발길은 어느 덧 호세이(法政)대학이 있는 이치가야역(市ケ谷驛) 주변을 향하고 있다. 잔잔하게 비가 내린다. 우산 속에서 몇 개의 찻집을 지나치며 곁

눈으로 분위기를 살폈다. 걷기엔 더할 나위 없는 날이다. "음~ 이런 날을 이들은 못테코이노덴키(持って來いの天氣)라 하겠지!" 얼굴 탈 염려도 없고 땀도 나지 않으니까 말이다.

우산 속에 몸을 들여 넣고 걷노라니 싱그럽게 우거진 진초록의 가로수 아래로 촉촉이 적셔지는 아스팔트 보도가 더없이 가까운 친구 같다. 평상시 별 느낌 없이 걷던 이 길도 말끔히 씻겨 상쾌하다. 아~ 얼마나 이 도쿄에 있게 될까! 내 발걸음에 맞춰진 적당한 속도감이 시야에 들어오는 풍광들과 어우러져 이런저런 생각들이 스크린처럼 흐른다. 참으로 가족이 소중하다는 생각이 새삼스럽게 스친다.

서울에서 지금 두 아이들은 자신의 꿈을 향해 애를 쓰고 있다. 군대를 마치고 복학한 큰아이도, 취업이 임박한 대학생 딸아이도 때로 외롭고 쓸쓸할 때면 가족이 모두 모이는 보금자리가 몹시 그리울 게다.

남편이 출장을 가고 보니 내게 주어진 사나흘간이 참으로 홀가분하여, 귀하기도 하고 조금은 허전하기도 하다. 그렇다고 평상시 구속께나 받고 사는 것도 아닌데…

인간은 늘 이런 것이다. 함께 있을 땐 자유하고 싶고, 그러나 막상 그런 시간이 주어지면 좋으면서도 왠지 말이다.

40여분을 이런저런 생각을 하며 걷는 동안 눈에 띈 큰길 코너 1층 찻집. '카페 드 크리에(CAFE de CRIE)' 가 내 발길을 끌었다. 삼면이 확 트인 유리문들 위로 주홍빛 선명한 커다란 차양에 새겨진 진녹색 글씨가 길가의 짙푸른 가로수와 잘 어울리는 카페다.

문을 열고 들어서자 어딘가 조용하고 분위기 있어 보이는 내 또래의 여인이 커피를 앞에 두고 문고판치고는 꽤나 두툼한 소설에 한창 열중하고 있다. 그녀가 읽는 책이 살짝 궁금해졌다. 나도 모르게 그녀 가까이 자리를 잡았다. 그녀도 인기척에 고개를 들자 나와 눈이 마주쳤다. 내가 살짝 고개를 숙이자 그녀도 미소를 보낸다. 서로 말은 하지 않았지만 통했나보다.

자리에 앉으니 밖이 잘 보여 후련하다. 가방을 내려놓고 '아이스 말차(抹茶) 큐브라테'를 시켰다. 말차의 씁쓰레한 맛이 우유에 녹아 그야말로 꿀맛이다. 이런 걸 목 넘김이 좋다고 하는 걸까! 비 오는 거리의 정경들이 한눈에 들어온다.

도쿄에서의 예정은 3년이지만 혹 어떤 사정이 생겨 서울로 오라하면 언제라도 가야되는 월급쟁이와 함께 사는 나. 어느 덧 이곳에 온 지 1년 3개월이 지났다. 그간 뭘 했을까! 언제 가더라도 이삿짐을 꾸릴 때, 보낸 시간에 대한 아쉬움은 없어야 할 텐데…

오늘따라 걷는 동안 도쿄의 곳곳들이 무척 아기자기해 보인다. 얼마 전 함께 걷던 어느 지인의 말이 생각난다. "별 생각 없이 걷던 이 긴자(銀座)거리들이 막상 서울에 돌아가려니 많이 그리워질 것 같다"고.

나도 그럴 것 같다. 40대를 맞았던 후쿠오카(福岡)와 오사카(大坂), 그리고 50대를 맞은 도쿄에서의 요즈음, 그 때에 비해 난 편안해졌다. 그러다보니 매사에 생각만 하지 좀처럼 실행하지 못하고 게을러지고 스스로를 안주시키고 있는 자신을 본다.

생각해 보니 후쿠오카 땐 대학원에서 공부도 하고 어쩌다 가끔은 일도 했고, 스터디 그룹에도, 한일관계 심포지엄이나 포럼에도 부지런히 나갔던 것 같다. 그런 중에도 뭔가 빠트리는 게 없나 두리번거리기도 하고 조금은 강박적일 수도 있지만 뭔가 활기차고 분주했다면, 늦게 배운 도둑질이 무섭다고 지금은 하루하루를 바쁘게 즐기고 눈 아프단 핑계로 책도 잘 안 읽고 그저 노는 것에 맛 들여진 나를 본다.

수필을 공부할 때 어느 선생님이 자주 강조하시던 "맛있게 살아야 맛있게 글을 쓸 수 있다."는 말을 스스로에게 자조하면서.

나는 적당히 외로울 때 나를 들여다보고 그 자리에 채워가야 할 것들을 찾는 것 같다. 다시 오지 않을 지금 이 시간이, 지나간 과거가 되었을 때 스스로에게 흐뭇하기를 소망해본다. 형형색색의 우산들이, 그리고 그 속에 몸을 묻고 함께 오가는 사람들이 오늘따라 유독 정겨워 보인다.

꽃들은, 나무들은 지금 촉촉이 내리는 이 비를 맞고 또 한 뼘쯤 훌쩍 자라리라. 나도 함께 자라야 될 텐데….

새롭게 열리는 한 주간 나를 돌아보는 지금 이 시간이 귀하고 감사하다.

- 이 글은 도쿄에 살 때 비 오는 6월 마지막 일요일 (2008년). 어느 찻집에서 쓴 것이다. 이제 와 다시 읽어보니 어쩌면 나도 『냉정과 열정 사이』로 우리에게 잘 알려진 에쿠니 가오리(江國 香織)처럼 비 오는 날을 많이 좋아 하는 지도 모르겠다.

오바짱의 편지를 받고

해외 주재 근무로 처음으로 오사카에 갔을 때 이웃이었던 테루코(가명) 할머니. 아니 할머니라 하면 또 화를 낼 테니 '큰 이모' 쯤으로 하는 게 좋겠다. 우리가 간 지 얼마 안 되었을 때다. 서울에서 준비해 간 김을 들고 이사 왔으니 잘 부탁한다고 옆집에 인사를 다녔다. 큰 애가 한창 우리말을 배우던 세살 때였다. 아이에게 이 분이 오바아짱이라 가르쳐 주었다. 그런데 어느 날, 자신을 '오바아짱(御婆ちゃん)'으로 부르면 할머니가 되기 때문에 아줌마인 '오바짱(小母ちゃん)'으로 짧게 불러 달라고 친절하게 가르쳐 주는 게 아닌가.

잠시 당황했지만 금방 이해 할 수 있었다. 결혼도 안한 분인데다 예순을 앞두고 할머니라 불리는 게 기분 좋을 사람은 별로 없으리라. 이젠 여든이 되셨지만 우리 가족은 아직도 특별히 호칭에 유념해 짧게 부른다.

일본말도 서투른 배불뚝이 임신부. 귀엽게 생긴 개구쟁이 꼬마와 착하고 순박하게 생긴 젊은 외국인 남자. 그녀는 옆집에 이사 온 우리 가족을 무척 따뜻하게 대해 주었다. 마침 그녀가 58세 정년퇴임을 한 즈음이었는데, 그때 뱃속에 있던 딸아이가 대학 3학년이 되었으니 우리와의 인연도 어느덧 강산이 두 번 바뀌고도 남는다.

그녀는 일본 유수의 제과 회사에서 한평생을 보낸 분이다. 전후 여성으로서는 드물게 관리자로 살아남기 위해 온몸을 던져 일 한, 말 그대로 '회사인간(會社人間)'이었다.

회사에서는 아직도 1년에 한번 근무했던 OB들을 초청하는데 그때마다 A4 용지 크기의 두툼한 초콜릿을 특별 제작하여 2개씩 나눠준다. 너무 달지도 않고 입에서 살살 녹는 그 초콜릿은 우리 아이들이 어릴 적 즐겨 먹던 과자들과는 차원이 다른 초콜릿, 거기에다 사랑까지 더 보태어져 변함없이 아직도 우리 집으로 배달된다. 두 아이는 유난히 큰 그 초콜릿을 좋아했다. 그것은 시중에서는 살 수도 없는 특별한 것이기도 하지만 오바짱의 사랑과 정성이 그대로 전해지기 때문이리라. 큰애는 군대에서도 그 초콜릿을 그리워했다. 냉장고문을 열면 빠끔히 휴가 나올 주인을 기다렸다. 그 뿐인가. 크리스마스가 다가오면 해외여행 마니아인 그녀는 그때그때 사 모은 앙증맞은 여러 목제 오뚝이인형들, 티셔츠, 양말 등 크고 작은 선물들과 캐럴송이 들리는 예쁜 카드와 편지들로 언제

나 아이들을 즐겁고 행복하게 해 주었다.

오랜 회사 생활에서 벗어난 후 이렇다 할 일을 찾지 못해 무료해하던 그녀에게 남편은 해외여행을 권하며 남은 생을 즐기라고 충고했다. 엄두를 못 내던 오바짱은 어느 날 드디어 멋진 진녹색 해외여행 트렁크를 샀다. 그리고 어린아이처럼 자랑하며 고마워했다. 바야흐로 제2의 인생 서막이 시작되었다. 아프리카는 물론 실크로드를 비롯하여 유럽 구석구석 온 지구를 종횡무진하며 여행을 다녔다. 그녀로서는 늘 외롭고 쓸쓸함을 잊어버리기 위한 도피이기도 했지만 때론 그 고독을 즐기기도 했다. 지금까지도 떠나기 전에 반드시 일정을 알려준다.

오바짱!

오랫동안 정이 들고 친근해져서 가족 같은 호칭이다. 딸아이의 말처럼 우리의 또 다른 가족이다. 큰아이가 유치원에서 돌아올 시간이면 그 집을 지나 우리 집으로 오는데 나보다 먼저 아이를 맞아주곤 했다. 추운 겨울에도 반바지 차림인 유치원복에 익숙하지 않아 유난히 추위를 타던 큰애를 반갑게 집안으로 데려갔다. 마치 친할머니처럼. 나무틀에 화로를 넣고 이불을 씌운 일본 실내 난방기구인 고타쓰에 차가운 손과 발을 녹여주며 군고구마나 군밤, 때로는 스키야키 등을 함께 먹으며 아이와 유치원에서 보냈던 일들을 주고받았다.

지금도 오바짱은 그때를 어제처럼 기억하며 "오바짱 음식은 다 맛있어요." 라고 했던 그 꼬마가 제대하여 복학한 모습을 대견해 한다. 그녀는 그때가 그리운가 보다.

우리가 귀국한 후 정든 아이들을 보고 싶어 하는 오바짱을 초대했다. 어린이날에 맞추어 63빌딩 수족관과 한강유람선을 타며 며칠을 즐겼고, 두 번째 근무지인 삿포로에 살 때는 여름휴가를 함께 보냈다. 넓은 목초지에 방목되는 양과 포플러나무로 유명한 히쓰지가오카(羊ヶ丘)에서 저녁노을이 질 무렵 오바짱과 아이들은 메뚜기, 고추잠자리를 잡으며 원반놀이를 했던 게 엊그제 같다.

세 번째, 네 번째 근무지인 후쿠오카, 오사카로 가는 곳마다 친정엄마처럼 찾아주곤 했다. 하필 갑작스런 폭설로 온 세상이 꽁꽁 얼었던 날.

큰애는 입대했고 춘천까지 기어코 동행했다. 군복무 중에도 전화나 편지로는 담담하게 늘 우릴 위로해 주더니 역시 걱정이 되었나보다. 연초 제대한 큰 아이를 보러 반가운 얼굴로 지난달에 서울에 왔다. 마치 시골에서 손자를 보러오듯…

손수 담근 매실주와 새우, 단호박 튀김, 메밀을 함께 만들어 늦은 밤까지 축하파티를 했다. 3박4일간을 보내고 무엇보다 새로 찍은 우리 가족사진을 소중히 안고 오사카로 향하던 오바짱의 뒷모습이 더없이 서늘했다. 이번에는 결코 같이 울지 않으리라. 활짝 웃으며 배웅하리라. 그러나 돌아서는 내 발걸음은 언제나 무겁고 허허롭다.

1남 2녀의 장녀로 일찍 부모님을 여의고 동생들의 뒤를 돌보느라 혼자 살아온 탓일까. 겉으로는 유쾌하고 농담도 잘 하고 담담해 보여도 늘 외로움에 잠겨 있다. 작년에 가장 아끼던 남동생을 병으로 떠나보낸 후로는 수면제를 빌어 잠을 청한다. 이제 정을 나눌 수 있는 곳은 하나 뿐인 여동생과 조카들, 그리고 우리 가족뿐이리라.

"대화가 있는 즐거운 3일간이었습니다. 오늘 아침부터는 또 다시 말없는 하루. 일상으로 돌아왔습니다. 누군가와 말을 나누고 싶은데 나눌 상대가 없어 말할 수 없는 외로움은 경험해 보지 않으면 모릅니다. 기운을 차려 남은 날들을 보낼 수밖에 뾰족한 방법이 없습니다. 네 사람으로부터 받은 사랑, 너무나 고마워 무어라 말로 표현할 길이 없습니다.

깊게 생각하면 견디기조차 힘들어 가볍게 해두겠습니다. 정말 고마웠습니다.

내내 오래도록 가족 모두 건강하세요."

편지를 받고 바다 깊은 곳으로 가라앉듯 마음이 무거워져 읽고 또 읽었다.

멍하게 창밖을 보다 친정엄마에게 전화를 했다. 엄마도 그녀의 우리 가족 사랑과 근황을 잘 알기 때문이다. "내가 나이 들어보니 자주 전화해 주는 것이 제일이더라. 외로운 분이니 잘 해 드리고 자주 전화해서 안부도 묻고 말동무가 되어 드려라"며 함께 마음 아파했다.

오바짱에게 그토록 많은 사랑을 받았는데 지금 내가 할 수 있는 일이란 어쩌다 편지를 쓰고 가끔 전화해 드리는 것이 고작이다.

유월의 하늘이 이리도 맑은데…

다음에 만날 땐 더 힘껏, 더 깊게 안아줘야겠다.

하늘과 바람과 별의 시인

- 일본에 뜨는 문학한류를 보며 -

한국시(詩)가 일본에서 '문학한류' 돌풍을 일으킨다는 보도를 J일보 1면에서 접했다. 2005년 12월 7일자 『아사히(朝日)신문』은 '최영미 특집' 『서른, 잔치는 끝났다』를 자세히 소개했다. 반가움에 눈이 번쩍 뜨여 단숨에 읽다보니 아련히 그 위에 겹쳐지는 만남, 그것은 후쿠오카(福岡)의 '윤동주의 시를 읽는 모임'이었다. 그리고 보니 윤동주 시인의 기일이 2월 16일이다.

남편의 근무지인 후쿠오카에 사는 동안 나는 그 모임에서 팔자에 없던 시를 공부 하게 되었다. 시는 좋아하지만 한국시를 일본에서, 그것도 일본사람들과 일본어로 토론하는 것은 여간 부담이 아닐 수 없었다.

1998년 3월 말, 아직 한국은 IMF 외환위기 중이었다. 한 달 먼저

출발한 남편을 따라 출국전날까지 하던 수업을 마무리하고, 두 아이들과 숨 가쁘게 비행기에 몸을 실었다. 뜨거운 한 잔의 커피로 겨우 한숨 돌렸나 했는데 벌써 도착했다는 방송이 들렸다. 생각보다 가까웠다. 그러나 악천후로 비바람이 몰아쳐 후쿠오카 상공을 1시간 가까이 배회하다 공항에 무사히 착륙했을 때의 안도감이란 이루 달할 수 없었다.

비속을 뚫고 마중 나와 초조해 했던 남편도 하늘 위에서 마음 졸였던 우리를 위해 KBS 라디오 방송을 틀어주며 우리를 또 놀라게 했다. 일본은 처음이 아니고 전에 다른 두 도시에서 살아본 경험이 있었는데, 이렇게 한국의 어느 지방처럼 가깝게 느껴진 것은 처음이었다.

후쿠오카는 네 개의 섬으로 구성되어 있는 일본의 서남부 끝자락 섬인 규슈(九州)지방의 중심도시이다.

그곳에는 나들이회, 후쿠오카 서울회, 무궁화회, 현해인 클럽 등이 있어 다른 도시보다 한일우호를 다지는 친선 단체들의 민간교류가 활발하다. 그러나 어느 단체보다도 '윤동주의 시를 읽는 모임'에 유독 애정이 느껴진다. 시인은 도쿄의 릿쿄(立教)대학을 거쳐 유학했던 도시샤(同志社)대학이 있는 교토(京都)에서 체포되어 후쿠오카 형무소에서 조국 광복을 6개월 정도 앞둔 2월 16일 옥사했다. 조국의 독립을 기도한 사상범이란 죄목이었다.

1995년 평론가 김우종 선생 주관으로 후쿠오카 형무소 앞에서 50주기를 위한 한일합동 위령제가 거행되었다. 그 후 매년 이날이 되면 '윤윤동주 시를 읽는 모임'에서는 형무소 담 앞에서 영정을 놓고 헌화식과 동주의 애송시를 읽어 시인을 기린다. 그들의 얼굴은 사뭇 숙연하기만하다.

그 위령제를 계기로 1994년 12월에 시모임이 만들어졌다. 서울에서 10년간 한국문학을 연구하고 귀국한 니시오카 겐지(西岡健治, 福岡県立大学) 교수가 회원 3명으로 시작했지만 지금은 40명이 넘는다. 대학교수, 신문기자, 시인, 대학원생, 주부, 회사원 등 직업도 다양하다.

한 달에 한 번씩 모여 일본어로 번역된 『하늘과 바람과 별과 시』를 텍스트로 하고, 한국어 원시(原詩) 등을 참고한다. 돌아가면서 정해진 두 명의 발표자가 같은 시로 자기의 감상, 의견을 발표하고 그 해석을 토대로 참가자 모두가 행간을 읽고 토론한 후 대표인 니시오카 교수가 마무리 평설을 한다. 토론을 통해 혼자 상상하던 시의 세계가 점점 넓혀지고 작품을 읽을 때마다 저항, 광복에 대한 소원, 자기성찰, 인류에 대한 사랑, 자기희생 등 윤동주의 깊은 시세계를 느낄 수 있다고 대다수 회원들은 말한다.

짧은 몇 행의 시를 3시간에 걸쳐 깊이 있게 읽고 토론하는 작업은 결코 쉽지 않다. 나는 매달 정중히 안내장을 보내오고 또 꼭 참석 하도록 전화까지 주기에 도망가고 싶어도 한국인의 체면(?) 때문에 쉽지가 않았다. 남편 또한 무언의 종용을 하니 그 날 가까이만 되어도 머리가 지끈지끈 아파온다.

그러나 열 띤 토론과 뒤풀이에서 보는 그들의 진정한 시를 통한 역사

인식과 시사랑, 한국 사랑이 나를 그곳에 묶어두었는지도 모른다. 아쉽게도 한국 사람이라곤 박사과정인 유학생과 남편과 나뿐이니 빠지기도 부담스러웠다. 어쩌다 호기심에 한국 사람이 왔다가도 그 열띤 토론에 질려 두 번 오는 사람이 드물어 아쉬웠다.

시를 읽고 감상을 나누다 보면 왜 윤동주 시인이 그러한 시를 썼는지, 그의 시와 그의 삶, 그리고 그 시대가 일치했을 때 윤동주의 시는 그의 넋이 새겨진 예술품이며 그것이 바로 윤동주의 매력이라고 마나기 미키코(馬男木美喜子) 씨는 말한다.

그녀는 이 시모임의 사무국장을 담당한 『통일일보』 기자이다. 활성화된 조직이나 단체를 보면 언제나 열성적으로 봉사하는 사람이 있듯 그 모임 또한 그녀의 숨은 공로가 커보였다. 우연하게도 그녀는 도시샤 대학을 나와 연세대에 유학했으니 확실한 윤동주의 후배가 되는 셈이다.

현재 일본에는 후쿠오카 이외에도 도쿄(東京), 교토에 윤동주의 시와 그의 발자취를 더듬는 모임이 있다.

도쿄에서는 1999년 4월에 수도권의 독자들이 모여 '윤동주의 고향을 찾는 모임'이 발족되었다. 매달

한 번씩 '윤동주 시의 마음을 읽는다.'는 공개강좌를 열고, 그의 고향 중국 용정(龍井)을 방문하여 생가 터나 묘지, 출신학교와 기념비, 자료관 등을 답사했다. 그 후 매년 3~4회씩 시인이나 연구자를 초청하여 공개강좌와 낭독회를 열고 있다.

윤동주의 시가 일본에서 널리 알려지게 된 것은 1984년 일본어로 번역된 시집이 출판되고, 1990년에 윤동주의 시와 인생을 소개한 수필이 고등학교 국어교과서에 실리게 되면서였다.

그 후 1992년에 도시샤대학 교우회인 코리아클럽이 '윤동주를 사모하는 모임'을 거듭하면서 시비건립 운동을 전개하여 1995년 대학 안에 시비를 건립하게 되었다. 도쿄, 교토, 후쿠오카의 멤버들이 교류하게 된 것은 2000년 4월에 교토의 윤동주시비 헌화식(獻花式)에 함께 참석하면서부터이고, 이후 세 그룹이 서로 기회 있을 때 마다 정보를 교환하고 있다.

그때는 후쿠오카에서 오사카로 남편이 근무지를 옮기게 되어 주말이라 함께 참석할 수가 있었다.

귀국하여 1년 정도 되는 2002년 8월 31일, '한일(韓日)국민 교류의 해' 기념사업의 일환으로 서울에서 도쿄와 후쿠오카의 두 그룹이 공동행사를 가졌다.

'윤동주의 시를 읽는다. 2002년 한일 독자교류회 모임'이었다.

동서문학사에서 도쿄와 후쿠오카의 활동보고와 강연이 있었다. 도쿄의 '윤동주의 고향을 찾는 모임' 대표이며 수필가인 아이자와 가쿠(愛澤革)씨는 일본인으로서 윤동주를 만나는 의미를 이렇게 말했다.

"그의 시가 독자의 심금을 울리는 것은 먼저 윤동주의 시(詩) 그 자체의 힘에서 비롯된다. 그러나 또 윤동주란 시인을 생각하자면 만 27세의 젊은 나이로 후쿠오카 형무소에서 생을 마감한 사실을 마주하지 않을 수 없다. 그를 옥사시킨 건 일본 관헌이고 일제 강점기의 치안유지법이었다. 따라서 일본사람에게는 그의 시를 읽는 일은 매우 복합적인 마음을 동반한다. 맑은 운율의 시를 모국어로 쓰고 죽은 한국의 젊은 시인, 그의 시를 읽는다는 것은 동시에 이 시인의 삶을 27년으로 끝내게 한 일본의 과거를 되새기게 하는 일이기도 하다.

'윤동주가 갈구한 것은 무엇이었을까?'를 생각할 때, 평화에 대한 희구와 전쟁의 위기가 공존하는 모순 속에 살고 있는 오늘의 우리들에게 그의 존재는 여전히 시사하는 바가 크다. 윤동주 문학, 혹은 삶이 갖는 현재성은 여기에 있다고 하겠다. 그의 시를 읽고 나면 우리는 '깨끗하고 의연하게 살고 싶다'는 마음을 갖게 된다."

문학 강연이 시작되기 전 동서문학사 대표인 전숙희 선생은 개회인사를 통해 우리는 일제강점기에 강제로 일본어를 써야 했다. 그러나 지금은 일본의 지식인들이 윤동주의 시를 원어로 읽기 위해 한국어를 배우고 이렇게 공식행사의 사회까지 한국어로 하니 치솟는 감회를 형언하기 어렵다. 이 모두가 윤동주문학 때문이다. 시의 위대함, 나아가 문학의 위대함을 느낀다고 토로했다.

참석한 모두가 어두운 역사의 긴 터널을 넘어 한마음이 된 듯 울림이 깊은 시간이었다.

윤동주가 교토의 도시샤대학으로 전학하기 전 최초의 유학지였던 도쿄의 릿쿄(立敎)대학시절. 그때의 발자취를 조사하여 자료를 전달하는 야나기하라 야스코(楊原泰子)씨를 보며 나는 또 한 번 감동했다. 그녀는 『윤동주 평전』에서 작가인 송우혜 씨가 릿교대 시절인 1942년 여름방학에 귀향한 사진에 '빡빡머리'가 등장한 것에 의문을 제기한 대목을 읽고, 그 당시의 학교 신문 등 여러 조사를 통하여 '학부단발령'이 내려졌다는 사실을 확인해 송우혜 선생에게 전달하는 흐뭇한 광경을 나는 옆에서 통역하였다. 그것은 그 후로 '윤동주 평전 재개정판'이 나오게 되는 결정적인 계기가 된 귀한 자료였다.

내 고향 서울에서 다시 반가운 얼굴들과 함께하고 돌아오는 발걸음은 가볍고 뿌듯했다.

윤동주, 그는 가고 없지만 그의 시는 국경을 넘어 많은 이들에게 죽는 날까지 하늘을 우러러 한 점 부끄럼 없기를 별을 노래하는 마음으로 소망하는 듯 들려온다.

마나기 미키코(馬男木美喜子) 씨는 현재 회장으로 모임을 이끌고 있으며 2015년 「윤동주 서거 70주년 후쿠오카 윤동주 시를 읽는 모임 20주년 기념강연회」를 개최하며 윤동주 시인의 조카 윤인식 성균관대 교수의 강연회를 열었고, 우리 부부도 참석하여 감회를 새롭게 한 바 있다

어느 여름날의 아침 산책

오늘은 쓰레기를 버리는 날이다.

집안에 잔뜩 모아 둔 쓰레기를 버리고, 오랜만에 여유가 생겨 곧바로 아침 산책을 나갔다.

남편은 직장으로 아이들은 학교로 일찍 집을 나섰다. 모든 사람들의 하루가 시작된다. 걷다보니 갑자기 보슬보슬 가랑비가 내린다. 나도 몰래 오른손을 내밀어 하늘을 올려다본다. 되돌아가 우산을 챙겨올까 잠시 망설이다 그냥 걷기로 했다. 오늘은 어느 쪽으로 갈까? 걸으면서 잠시 머뭇거린다.

내가 살고 있는 아시야(芦屋)는 소설가 타니자키 준이치로(谷崎淳一郎)의 『아시야부인』이란 소설이 있을 만큼 일본 내에서도 고급주택이 많

고, 여기저기 녹음이 우거져 있다. 산이 있는 쪽으로 조금만 올라가다보면, 박물관 같은 저택들이 즐비하다.

1995년 한신(阪神)대지진이 일어났을 때 이곳도 고베(神戸)와 가까워 피해가 컸다고 들었지만, 새롭게 복구되어 그 흔적을 찾아보기가 쉽지 않다. 도시를 중심으로 북쪽으로는 산, 그리고 남쪽으로는 바다가 있어 아름답고 조용하여 생활하기에 더없이 좋은 편이다.

그러나 사람 사는 곳이 어디라고 다르랴! 아시야도 예외는 아니다. 고급 저택들은 확실히 많지만, 평범한 집들이 많은 거리가 있는가 하면 어느 쪽에는 밭들과 논들도 보인다.

벌써 이사 온 지 반년이 되어간다. 나는 산책을 할 때 그날의 기분에 따라 코스를 정한다.

사람들의 사는 모습을 가까이서 느껴보고 싶을 때는 주택가를, 어쩌다 시간의 여유가 있을 때는 저택들이 즐비한 산이 가까운 쪽으로, 시골 정취가 그리울 때면 부지런한 주인의 손끝에서 피어난 싱싱한 야채들이 빼곡한 밭이랑과 논들이 있는 곳으로 향한다.

서울에서는 줄곧 아파트에 살았기에 이곳 주택가에서의 새로운 정취가 감사하다. 오늘은 좀 더 평범한 주택가를 걷기로 했다.

금년 여름은 잠을 설치는 열대야가 1개월 이상 계속 될 정도로 너무 무더웠다. 일본에서는 양력 8월 15일 우리의 추석인 오봉(お盆)이 되면 여기저기 여름 축제와 불꽃놀이들이 한창이다. 한여름 무더위를 왁자지껄한 축제와 함께 이겨내고 즐기는 사이에 여름도 어느 덧 끝자락을 맞게 된다.

어느 틈인가 감나무에 매달린 감이 노랗게 익어간다. 나도 모르게 손을 뻗어 살며시 만져보았다. 어김없는 계절의 변화와 새로운 생명체의 존엄함, 그리고 신의 섭리에 작은 감동이 인다. 인간은 한여름 무더위와 씨름하는 사이 알곡들은 여물고, 나무열매들은 이렇게 무르익었구나!

내 나라 한국에 비해 온도와 습도가 높아 식물들이 잘 자라기도 하지만, 이곳 사람들은 꽃을 정말 좋아해서 잘 키우고 있는 것 같다. 봄이 되면 모두들 1년생 꽃 묘목들을 사서 옮겨 심는 것이 마치 봄맞이 행사 같다. 꽃들이 피는 시기를 염두에 두고, 꽃을 고르고 집안의 낮은 담장을 끊임없이 꽃들이 피고 지도록 가꾼다.

집집마다 취향에 따라 잘 손질 된 꽃들을 보면서 걷는 것도 내 아침 산책의 즐거움이다.

한사람이 겨우 들고 나기도 어려울 만큼 좁은 곳에 용케도 여러 꽃들을 심어 공간을 살린 지혜와 정성에 절로 감탄하게 된다.

'이런 취향을 가진 주부는 어떤 사고와 철학을 가지고 사는 걸까' 걸으면서 순간, 내 뇌리를 스친다.

낮은 담장을 장식한 선홍빛 나팔꽃은 내 유년시절, 외갓집에서의 추억 속으로 빠져들게 하여 나를 잠시 행복하게 한다.

외가는 단풍으로 유명한 내장산이 가까운 곳이다. 새빨간 앵두를 끝없이 따먹어 입술이 온통 빨갛던 기억도 즐겁다.

걷다보니 어느 집 앞에 내 발이 문득 멈췄다. 내 허리정도의 하얀 낮은 대문 양 옆으로 도라지. 봉선화, 나팔꽃, 채송화…등등. 내 어릴 적 익숙한 꽃들이 마치 꽃 축제 같다. 길옆으로 채송화 묘목이 여러 개 정성스레 놓여 있다.

"1개 15엔(円)"이라 쓰여 있고, 그 옆에 동전을 넣을 작은 깡통도 놓여 있다.

이 집도 은퇴한 할머니, 할아버지가 사신다고 들었다. 꽃을 좋아하는 할머니가 씨앗을 뿌려 묘목을 만들었을 것이다. 그런데 그 묘목이 너무 많아 남는 것을 필요한 사람들과 나누고 싶은 마음일지도 모르겠다.

나는 잠시 이 집 할머니를 생각해 봤다. 꽃을 좋아하고 가꾸는 마음이 따뜻하게 전해진다.

나도 그 묘목을 사고 싶었는데 빈손이다. 집안에 쌓여있던 큰 쓰레기 비닐봉지를 내다버리는 순간 홀가분해졌나보다. 내 발 길이 그냥 나를 아침 산책으로 밀쳤기에 미처 지갑도 챙기지 못한 게 아쉬울 뿐이다.

내년에 또 살 수 있기를 기대해 보며 걷는데 어느 꽃이 많은 집 앞에 내 발 길이 또 멈췄다. 아직 한 번도 얼굴을 마주 한 적은 없지만, 이 집에도 은퇴한 교장선생님 부부가 산다고 일본 친구에게 들은 적이 있다.

이 집에는 아예 낮은 담장조차 없다. 나무들과 형형색색의 꽃들이 길을 따라 나지막이 피어 있다. 정원은 특별히 정성을 많이 들여 손질되어 있지는 않아도 자연 그대로의 편안함이 느껴진다. 정원 중앙에는 연못처럼 옛날 도자기 화로에 수련(睡蓮)이 피어있고, 화로 뒤에 놓인 앙증맞은 흑판에 "송사리학교 수업 참관일"이라고 쓰여 있다.

엷은 보랏빛 수련이 수북이 피어있는 작은 연못 같은 화로에는 송사리들이 이리저리 무리지어 춤을 추며 한여름의 아침을 만끽하고 있다.

조용한 주택가에 도회지다운 정돈된 세련미는 아니어도 꽃을 좋아하고 가꾸는 할아버지의 마음이 따뜻하게 전해진다. 어쩌면 이 길을 오가는 사람들과 이런 즐거움을 함께 나누려는 배려가 아닐까!

무더위가 기승을 부리던 어느 날. 이 집 정원 귀퉁이에 난생 처음 보는 잎이 커다란 나무 한 그루가 있었다. 그 나무 옆에 세로로 팻말이 세워져 있었다. 거기에는 "천사의 나팔! 가을에 묘목을 드릴 테니 필요한 분은 주소, 성함을 써서 입구에 있는 우편함에 넣으면 가을에 보내드리겠습니다." 라고 쓰여 있었다. 나는 눈이 휘둥그레져 읽고 또 읽어보았다. 틀림없었다.

무엇보다 이 꽃의 이름이 마음에 들었다. 그런데 솔직히 꽃은 이름만큼 예쁘지는 않았다.

그럼에도 꽃에서 풍기는 그윽한 향과 할아버지의 따뜻한 마음, 그리고 꽃 이름이 너무 좋았다. 바쁜 생활 속에 거창한 것은 아닐지라도 생각해 보면 번거로운 일 아닌가! 그런데도 아무 조건 없이 순수하게 이웃과 나누려는 마음.

정말 천사 같이 아름답지 않은가!

그 꽃을 나누어 받는 사람들은 모두 따뜻해지리라. 그리고 어쩌면 무언가를 이웃과 나누려는 마음이 되겠지.

나도 집에 돌아와 마음에 드는 편지지를 골라 주소, 이름을 써서 우편함에 넣었다. '이 길을 오갈 때마다 언제나 예쁜 꽃들을 볼 수 있게 해 주셔서 감사합니다.' 라는 말과 함께.

나뭇잎에 살랑대는 시원한 바람이 아침이슬처럼 신선하다.

행복한 마음으로 발길을 옮기는 사이 초등학교 아이들도 등교할 시간이 된 걸까. 같은 맨션에 사는 아이들끼리 입구에 모여 학교로 향한다. 나도 초등학교시절, 공직에 계시던 아버지가 갑자기 편찮으셔서 시골 초등학교로 전학했던 때가 있었다. 그 때도 모두 모여 등교했던 기억이 그립다. 샐러리맨들도 하나 둘 발길을 재촉한다. 문 앞에 나와 아이들을 배웅하는 엄마들이 있는가 하면, 직장을 향해 발길을 재촉하는 여성들도 있다. 벌써 아침 세탁을 끝내고 빨래를 널고 있는 부지런한 주부와 눈이 마주쳤다. 모두들 자기가 있는 자리에서 나름대로 열심히 하루를 시작하고 있다.

이 시간, 나는 이렇게 아침 산책을 통해 사람들이 하루를 시작하는 모습들과 마주했다

그것은 내 생활의 신선한 자극이 되어 삶에 대한 새로운 의욕과 용기를 안겨준다. 나도 서둘러 집으로 향한다. 가랑비는 어느덧 굵은 비로 바뀌었다. 그래도 그건 상관없다. 나는 오늘 풍성한 추수를 마친 농부처럼 넉넉해졌다.

여름이 가을로 바뀌어가는 경계에서 자연에 대한 감사와 정성들여 가꾼 꽃들을 나누려는 따뜻한 마음을 만났기 때문일까.

이런 날은 특별히 따뜻한 커피가 그립다. 집안 가득 넘치는 커피향이 나를 잠시 행복하게 한다.

자~ 무더운 여름에서 깨어나 풍성한 열매가 가득한 가을을 맞이하자.

이국에서의 따뜻하고 충만한 겨울을 위해!

(2000년. 8월 마지막에)

≡ 작가의 변 ≡

이 글은 오사카, 고베를 중심으로 토론하고 비평했던 문학클럽에서 공부하며 일본어로 발표한 수필이다. 당시 14년째인 문학클럽의 동인지 『아멘스이』에 실린 글을 번역했다. 다시 읽다보니 그 때의 느낌이 생생하게 다가온다. 그 뒤로부터 어딜 가나 '천사의 나팔'이 있는 곳이면 멀리서도 금방 내 눈에 들어오는 게 신기하고 반갑다. 그리고 그 향도 음미하며 잠시 바삐 가던 내 발길이 멈춰서 그 때의 추억 속으로 나를 데려간다.

2

오에 겐자부로를 만나다

박애와 평화를 실천하는 오에 겐자부로의 삶, 또 그와 함께 묵묵히 활동하는 사람들, '윤동주 시를 읽는 모임'에 동참하는 소박한 사람들을 보면서 일본의 미래가 그리 어둡지만은 않다고 위로해 보기도 한다.

한·일간의 진정한 평화와 협력이 요구되는 이때에 오에 선생과의 조우(遭遇)는 많은 것을 생각하게 한다.

피카소 그림이 담긴 사전

내가 아끼고 사랑하는 것 중에는 여러 가지가 있다. 사람과의 만남, 자연의 변화, 친구, 가족, 문학. 그러나 그 중에 일한사전! 그것은 내가 가장 아끼고 소중하게 생각하는 나만의 보물이다.

결혼 후 남편의 일본 해외근무로 인해 나는 일본어를 공부하지 않으면 안 되었다. 맞벌이를 하던 나는 뱃속에 있던 둘째아이와 함께 일본발령을 받던 날부터 저녁을 먹고 나면 남편에게 일본어 개인교습을 받았다. 임신을 한 터라 온 종일 직장에서 일하고 퇴근길에 간단히 장을 봐서 저녁을 준비해 먹고 나면 졸리기 일쑤였다.

그러나 남편은 나와 달리 꽤나 열심히 가르쳤다. 막상 발령을 받고 나니 내가 일하느라 친정에 있던 세 살짜리 큰애와 임신까지 한 마누라가 말도 통하지 않는 낯선 외국 땅에서 살아갈 일이 심히 염려되었던 모양이다. 나 자신도 막연히 걱정은 되었지만 나보다도 오히려 그가 더 적극적이고 열성적이었던 것 같다.

집에 크고 작은 일어사전들이 몇 개 있었는데, 일본어공부를 시작하면서 남편은 어느 날 새로 두툼한 일한사전을 하나 사다 주었다.

조바심으로 가르치던 남편보다 절박감이 덜했던 나는 상대적으로 소극적이고 수동적인 제자였던 셈이다. 원래 날 받아 놓으면 시간이 쏜살같이 흐른다더니 금세 출국할 날이 되었다.

그리고 그 사전은 나와 함께 일본으로 떠났다. 비행기가 오사카공항에 도착 할 무렵 남편은 본인의 명함 뒤에 "용무가 있으면 저에게 연락해 주세요."라고 일본어로 써서 내게 건네주었다. 드디어 긴장되는 외국생활이 시작되는 순간!

나는 명함을 아주 소중히 간직했다. 한창 호기심 많던 개구쟁이 큰아이와 무거운 몸으로 새로운 일본 생활에 맞닥트리게 되었다. 다행히 이웃들은 친절했다. 그러나 의사소통이 안 되는 불안감에 대낮에도 아파트 현관문에 체인까지 걸었다. 누군가 벨을 누르면 체인을 건 상태에서 한 쪽 눈을 감고 다른 한 쪽 눈으로 문에 달린 작은 렌즈를 통해 바깥상황을 살피다가 꼭 필요 할 때에는 남편의 명함을 내밀곤 했다.

그런 형편이다 보니 나는 그 일한사전과 친해지지 않을 수가 없었다. 처음에는 찾는 속도도 느리거니와 두꺼운 새 사전인데다 종이가 얇아 앞뒤로 붙어 있어서 알고자 하는 단어 하나를 찾는데 많은 시간이 걸렸다. 그러나 상황이 상황이니 만큼 수없이 찾고 또 찾았다. 그렇게 많은 시간들을 함께 하다 보니 새로 태어난 둘째아이가 어느 날 사전 맨 뒤쪽에 피카소의 추상화처럼 멋지게 그림도 그려 놓았다. 삼년을 그렇게 보내다 보니 어느 덧 손때가 묻어 익숙해 졌고, 귀국할 즈음엔 단번에 찾는 단어들이 고개를 내밀어 때론 나를 기쁘게 해주기도 했다. 덕택에 귀가 뜨이고 입이 열리니 두렵기만 하던 이웃들과도 친구가 되고 김치, 나물, 잡채 등을 가르쳐 주기도 했다. 그러던 어느 날 그들이 한국어를 배우고 싶다고 했다. 나는 한글을 가르쳐 주고, 대신 일본어를 배우는데 귀한 공헌을 해 준 그 사전이 언제부터인가 소중하게 느껴졌다.

그렇게 시작된 일한사전과의 인연은 지금도 이어지고 있다. 모르는 것을 찾으면 어김없이 가르쳐 준 친절한 선생님이다. 첫 번째에 이어 그 후로도 일본 생활을 할 때마다 그 사전은 나와 함께 일본에서나 서울에서나 많은 시간들을 함께 나누며 내게 일본문화와 문학을 일깨워 준 귀한 스승이 되었다. 사전에 피카소 그림을 그렸던 둘째가 대학생이 되었으니 그 사전은 둘째보다 나이가 몇 개월 더 먹은 셈이다.*

(2004년 10월 군포시민 백일장 수상)

*지금은 둘째아이가 결혼을 하여 3살짜리 딸을 가진 주부다.

오에 겐자부로를 만나다

2005년 5월 말쯤 인사동에서 반가운 친구를 만나고 돌아가는 길이었다. 별 생각 없이 걷다가 문득 어느 가게 안으로 내 시선이 멈췄다. 어디선가 많이 본 듯한 사람이었다.

오에 겐자부로(大江健三郎)가 아닌가! 틀림없었다. 역시 그였다. 그가 서울에 왔음을 이틀 전 신문을 보고 알고 있었다.

순간 나도 모르게 "저~ 오에 겐자부로 선생님 아니신가요?" 라고 말을 걸었다. 그는 미소 지으며 그렇다고 했다. 노벨문학상 수상작가인 그를 인사동에서 우리나라에서도 하나 밖에 없다는 전각갤러리에서 만나다니…

오에 겐자부로(大江健三郎) 선생은 손에 크기가 각각 다른 옥도장 3개를

오에 겐지부로 선생을 인사동 전각갤러리에서 만나고 난 1년 후 내가 쓴 수필에 사인을 해 주셨고, 오에 선생은 그때 디자인한 전각도장이라며 보여주셨다.

골라 들고 있었고, 점원아가씨는 말이 통하지 않아 당황해 하던 차에 내가 가게에 들어갔던 것이다. 선생님은 좀 색다른 디자인을 원했다. 그리고 일단 디자인의 시안이 완성되면 새기기 전에 팩스로 한번 확인해봤으면 하셨다. 그러다가 번거로운지 어떤 디자인이 될까 그냥 기대하고 있겠다하신다..

"아내가 한국 돈을 다 쓰고 오라"고 했다며 특유의 미소로 빙그레 웃으신다. 너무 당황 했는데 도움을 주어 고맙다는 점원 아가씨에게 『개인적 체험』으로 노벨문학상을 받은 오에 겐자부로 선생님이시고, 내가 굉장히 좋아하는 작가라고 알려 주었다. 기회다 싶어 난생 처음 사인을 부탁드렸더니 선생님은 고어(古語)가 섞인 한시(漢詩)를 적어주셨다. 나는 일본에 있을 때 쓴 졸작이지만 에세이가 있다고 했더니 한 번 읽어봐 주겠다고 하셨다. 선생님께 받은 명함에는 전화번호가 없이 집 주소와 팩스번호만 있었다. 워낙 유명한 분이라 작품을 쓰시거나 여러 강연이나 활동에 방해받고 싶지 않은 것이리라.

저녁 무렵이라 나도 돌아가야 될 시간이었지만 용기를 내어 평생 처음 외간 남자에게 차 한 잔 하시겠냐고 물었더니, 내일 아침 일찍 돌아가야 하는데 혼자 좀 돌아보고 싶은 곳이 있다며 정중히 거절하셨다. 빡빡한 일정들을 마치고 아무에게도 방해받고 싶지 않은 혼자만의 시간을 즐기고 싶으신 것이겠지. 또 이곳의 분위기를 최대한 느껴보고 싶은 소중한 시간일진 데 너무나 당연하고 충분히 이해하고도 남는다. 그럼에도 불구하고 나는 생전 처음 남성에게 차 한 잔 하자 권해 봤고 또 정중히 거절당한 셈이다.

그는 젊었을 때부터 계속해서 수영을 해서인지 피부도 팽팽하고 무척 건강해 보이는 70세의 청년 같은 노인이다. 그와 오랜 친구였던 미국인 문학가 에드워드 사이드가 죽음을 앞두고 그에게 이렇게 말했다.

"작가는 죽기 전에 여태까지와는 전혀 다른, 동 시대와는 전혀 다른 작품을 남겨야 한다."

사이드는 이것을 '후기작업(late work)'이라 했는데, 오에도 지금 장편을 준비하고 있단다. "정신지체아 아들 41세인 히카리를 보면서 느끼는

삶의 모순을 있는 그대로 표현하려 한다."고 그의 수필 「새로운 사람에게」에서 읽은 적이 있다. 그 작품은 어쩌면 1994년 노벨문학상 수상 작품 『개인적 체험』의 후편이 될 것 같기도 하다.

그는 지체장애를 가진 아들 히카리가 태어남으로 인해 그 사실을 받아들이는 과정, 그가 겪은 번민과 고통, 어디론가 도망치고 싶었지만 결국 그 아이와 함께 살아가기로 한 결심, 그리고 그에 동반되는 인내 등이 잘 나타나 있었다.

그 후 5년이 지나 일본에 있을 때, 오에 선생이 TV에 히카리와 함께 출연하여 온 가족이 더불어 살아가는 이야기를 허심탄회하게 들려주었다. 함께 살지만 그가 혼자 독립적으로 자립할 수 있도록 도와주려고 노력하는 모습은 정말 감동적이었다. 히카리는 지금 훌륭한 작곡가가 되어 부모님과 함께 살고 있다.

오에 선생은 1935년생으로 시코쿠(四國)의

에히메현(愛媛県)출신이다. 도쿄대학 불문과 출신으로 현 도쿄도지사인 이시하라 신타로(石原愼太郎)등과 함께 1950년대를 대표하는 전후 문학의 기수가 되었으며, 미시마 유키오(三島由紀夫)이래 가장 촉망받는 신인이란 찬사를 받았다.

『사육(飼育)』(1958)으로 아쿠타가와(芥川)상을 수상했는데 주제는 감금 상태의 인간심리를 논리적으로 묘사한 것이다. 오에의 소설은 대체로 내적 세계와 외적 세계의 극심한 상극을 그린 것이 많은데, 『사육』에서도 생과 사의 문제로 대체되는 과정을 소년의 시점으로 묘사하고 있다. 대자연속에서 생활하던 산촌사람들이 어느 날 갑자기 전쟁이라는 외부 세계에 노출됨으로써 겪게 되는 갈등과 좌절을 그린 것이다.

이후 그는 히로시마(廣島) 원폭이나 오키나와문제, 아시아·아프리카작가회의 등에도 활발하게 참여하고 그 체험을 수필과 기록문으로 남겼다. 그리고 노벨상수상 연설 「애매한 일본의 나」에서 이렇게 강조했다. "일본이 특히 아시아인들에게 큰 잘못을 저질렀다는 것은 명백한 사실이다. 또한 전쟁 중의 잔학 행위를 책임져야하며 위험스럽고 기괴한 국사(國史)의 출현을 막기 위해 평화체제를 유지해야한다."라고.

이것은 그에 앞서 1968년 일본 최초의 노벨문학상 수상자인 가와바타 야스나리(川端康成)가 수상 연설 「아름다운 일본의 나」에서 밝혔던 전통적인 문학관에 대한 안티테제로서, 오에 문학의 휴머니즘과 세계성을 반영한 것으로 평가된다. 이밖에도 그는 1970년대 군사정권에 의해 투

옥된 김지하 시인의 석방을 위해 단식투쟁을 하기도 했으며 한국의 문인들과도 각별하게 인연을 맺고 있다.

그가 이번에 서울에 온 것은 2005년 서울국제문학포럼(5월24~26)에 참석하기 위해서였다. 그러니까 내가 그를 우연히 만난 것은 공식일정을 마치고 돌아가기 하루 전날이 되는 셈이다.

그는 이번 포럼의 발제문 「우리는 나지막이 움직이기 시작해야 한다.」에서 "일본헌법이 개정된다면 전쟁을 할 수 있는 보통국가가 되어, 아시아에서 고립되어 의지 할 곳은 미국과의 군사동맹 강화밖에 없다." 고 지적했고, "일본의 우경화 추세와 고이즈미가 야스쿠니 신사 참배를 고집하는 것은 상호관계가 있다"고도 했다.

그는 실제로 '헌법 9조의 모임' 활동을 통해 일본 각 지방을 돌면서 강연회를 하는 등 평화헌법 개헌에 반대하는 양심적인 일본의 행동하는 지식인이다. 이 모임은 아시아에서 일본이 신뢰받기를 원한다는 취지로 운영되는데, 일본 각지에 1,500개의 소모임을 만들어 활동하고 있다. 그러나 주요 언론에서 보도를 거의 하지 않아 비관적이긴 하지만 30% 정도의 희망을 가지고 계속 노력할 것이라고 한다.

내가 일본에 살면서 만난 사람들 중에는 쉽게 드러내 놓고 말하지는 않지만, 본인들도 피해자란 생각을 하는 사람들이 의외로 많은 것을 보았다. 조상의 침략에 대해 이러쿵저러쿵 이웃나라들로부터 듣는 소리를 상당히 예민하게 받아들였다. 심지어 함께 글을 쓰던 작가이자 대학교수의 부인조차도 어린 시절 중국의 넓은 집에서 호화롭게 살았던 것을 주위 사람들에게 거리낌 없이 자랑하는 걸 보고 놀라웠다. 침략을 당한 피해자들의 아픔은 전혀 간과한 채.

그러나 박애와 평화를 실천하는 오에 겐자부로의 삶, 또 그와 함께 묵묵히 활동하는 사람들, '윤동주 시를 읽는 모임'에 동참하는 소박한 사람들을 보면서 일본의 미래가 그리 어둡지만은 않다고 위로해 보기도 한다.

한·일간의 진정한 평화와 협력이 요구되는 이때에 오에 선생과의 조우(遭遇)는 많은 것을 생각하게 한다. 그래도 5월의 인사동에서 그와 커피 한 잔 나누지 못한 것은 못내 아쉽다. (2006. 5. 19)

카랑코에와 천사의 나팔꽃

이사를 했다. 아주 오랜만에 우리 집으로. 남편의 잦은 전근 탓에 집이 있어도 허울뿐 그때그때 편리한 곳에서 생활했다. 그러다 보니 사는 곳이 늘 내 집이라 여기며 지냈다. 한 번도 불편하다거나 남의 집에 산다는 느낌은 들지 않았다.

그런데 막상 내 집에 들어와 살고 보니 역시 마음이 편하고 안정되는 것 같다. 땅 밟는 걸 좋아하다 보니 아파트 저층이다. 대문 밖에 밝고 화사한 화분을 놓아 엘리베이터를 오가는 이웃들과 잠시 작은 미소를 나누리라는 생각을 했다. 무슨 꽃으로 할까! 꽃집에서 제일 먼저 눈에 들어온 건 관엽 식물인 포인세티아(poinsettia)였다.

1991년 12월 삿포로에 살 때다. 결혼 후 잘 살아보겠다고 힘들게 모았던 재산이 한 순간에 다 날아 가버릴 위기여서 더 추웠던 긴 겨울, 외롭고 쓸쓸했던 마음을 조금은 위로해 주던 꽃이다.

가와바타 야스나리(川端康成)의 『설국(雪國)』처럼 온 세상이 하얀 눈으로 덮여 있을 때 작가인 일본 친구가 보내 준 잎이 마치 꽃처럼 빨갛고 탐스러워 크리스마스와 잘 어울리던 꽃. 포인세티아는 '크리스마스 이브'란 뜻이 있다. 17세기부터 멕시코 프란체스코회의 수도사들은 별을 닮은 잎은 베들레헴의 별, 붉은 색은 십자가에 못 박힌 예수의 피를 상징하는 것으로 여겨 크리스마스를 축하하는 의식에 포인세티아를 포함시켰다고 한다.

그러나 꽃집 아주머니는 안 된단다. 그 녀석(!)은 햇빛을 좋아해서 아파트 대문보다는 베란다 쪽이 좋단다. 할 수 없었다. 하긴 나도 부지런한 사람이 못되어 잔손이 가지 않고 물을 자주 주지 않아도 잘 자라는 편이 낫겠다고 했다. 그래서 권해 준 것이 미국 북부가 원산지라는 주홍빛 꽃이 활짝 핀 카랑코에(kalanchoe)다. 전에 키워 보기도 했고 개화 기간이 길어 불로초라고도 불릴 만큼 꽃

이 오래 가니 안성맞춤이었다. 그렇게 선택된 카랑코에 두개가 나란히 우리 집 대문 옆에 둥지를 틀었다. 이것은 시작에 불과했고 조금씩 공간을 살려 화분 몇 개를 더 보태어 화사하게 꾸밀 생각을 하니 괜스레 기분이 좋았다. 그런데 그날 밤 퇴근해 돌아온 남편의 반응은 엉뚱했다.

"이거 당신이 사다 놓은 거야?"

"응, 어때? 좋지?"

"으음 좋네. 그런데 좀 말하기 미안하지만, 꼭 누가 가져가라고 한 것 같네. 뭔가 밑에 받침이라도 놓는 게 어때?"

"그래? 꼭 필요할까?"

급한 데로 예쁜 종이 상자를 찾아 뚜껑을 열어 위, 아래로 나란히 포개어 꽃 화분을 올려놓으니 제법 괜찮아 보였다.

잠자기 전에 체인을 걸면서 문을 열어 보았다. 함초롬히 빨갛게 얼굴을 내민 카랑코에가 불빛 아래 사랑스러웠다. 괜히 쓸데없는 소리는 하고 그래. 속으로 콧방귀를 뀌었다. 아침에 신문을 들여올 때도 나를 반기는 작은 화분 두개가 잠시나마 오갈 때 기분을 즐겁게 했다. 하루를 보내고 밤늦게 집에 온 남편에게 쐐기라도 박듯

"꽃 잘만 있지?"

"어, 그리고 보니 못 본거 같은데…"

"정말?"

문을 열었다. 휑하다. 갑자기 허무했다.

아니, 뭐 그래. 어떻게 남의 걸 막 들고 가냐! 순간 사소한 것이지만 가슴이 쿵쿵 뛰었다. 누가 가져갔을까? 설마 앞집은 아닐 테고. 아파트를 들어오려면 우선 잠금 키를 열어야 되니 잡상인도 거의 없고, 그렇다고 위층에 사는 이웃들이 설마 그런 짓을…. 생각이 꼬리에 꼬리를 문다. 잃어버린 꽃보다 뭔가 작은 분노 같은 것이 인다.

내 마음과는 아랑곳없이 대수롭지 않다는 듯 곤히 잠든 남편 옆에서 한동안 잠을 이루지 못했다. 꽃을 거기에 둔 게 유죄인가. 역시 내 잘못인가. 그렇게 한참 상념에 잠겼다. 그래, 하루를 그곳에 있게 했구나. 누군가 가져다가 예쁘게 잘 키우면 됐지 뭐. 꽃이니까. 차라리 정들기 전에 빨리 가져가서 다행이다. 이렇게 나를 위로하며 잠을 청했는데 불현듯 까맣게 잊었던 천사의 나팔꽃이 꿈속에서 나를 찾아주었다.

4년 전 일본 간사이(關西)지방의 아시야(芦屋)시에 살 때다. 그곳은 1995년 한신(阪神)대지진으로 유명했던 고베 가까이에 있는 인구 7만 명 정도의 한적한 도시다. 소설 『세설(細雪)』과 『문신(刺青)』을 쓴 탐미주의 작가인 다니자키 준이치로(谷埼潤一朗)기념관이 있는 조용한 부촌이다. 우리가 살던 아파트 뒤로 조금만 올라가면 가지, 오이, 토마토, 고추, 피망 등을 심은 밭들과 작지만 물고랑이 있는 논도 있어 이국에서의 외로움을 달랠 수 있었다.

집 주위를 산책하던 어느 날, 크고 작은 나무와 꽃들로 낮은 담을 대신한 자그마한 집 앞에서 천사의 나팔꽃을 보았다. 집에서 가깝기도 했고 지나던 이웃들도 가끔 그 집 앞에 발길을 멈추고 서로 눈이 마주치면 아는 사이는 아니어도 꽃에 대해 이야기를 나누던 곳이다.

그날은 혼자였다. 모퉁이의 큰 화분 안에 세로로 팻말이 세워져 있었다. 〈천사의 나팔꽃〉, "꽃을 원하시는 분은 가을에 묘목을 보내 드릴 테니 주소와 이름을 써서 입구의 우편함에 넣어 주시면 가을에 보내드리겠습니다."

와아! 갑자기 주인 할아버지의 마음이 천사처럼 따뜻하게 전해졌고 어떤 꽃일까 궁금해졌다. 집으로 돌아와 가장 예쁜 편지지에 항상 예쁜 꽃을 보게 해 주셔서 감사하다는 말과 함께 우편함에 넣었다.

그 가을 작은 묘목은 우리 집 작은 정원으로 이사해 왔다. 온갖 정성을 들였더니 참으로 더딘 걸음으로 보답하듯 하얀 트럼펫을 닮은 꽃으로 우리 가족을 기쁘게 해 줬다. 수험생이던 큰애를 서울의 하숙집에 홀로 지내게 해 마음 한구석이 허전할 때면 마당에 나가 꽃에 물을 주었다.

지금도 가을이 되면 가끔 천사의 나팔꽃과 유난히 말수가 적던 교장 선생님이셨다는 그 할아버지가 생각난다.

소박한 화분 몇 개로 이웃들과 마음을 나누고자 했던 작은 행복의 시도였던 카랑코에! 내 꿈이 너무 야무졌던 걸까! 어쩌면 내 의도와는 달리 가져가라고 상자까지 두었다 여겼을 수도 있지 않은가.

그러나 잃는 것이 있으면 얻는 것도 있다. 카랑코에 대신 천사의 나팔꽃을 만났으니.

하얗게 지새운 밤

찌는 듯이 무덥던 여름이었다.

결혼 날짜를 받아 둔 나와 그이가 김포공항에 도착했을 때, 친구는 잘 차려 입은 슈트차림에 6개월쯤 된 갓난아기를 서툴고 어색하게 등에 업고, 그보다 좀 큰 두 살짜리 아이는 불안한 눈빛으로 옆에서 울고 있었다. 큰 아이를 어르고 달래가며 입양기관인 홀트아동복지회에서 나온 사회복지사의 설명을 듣느라 허둥대는 바람에, 아쉬운 석별의 정을 나눌 여유도 주어지지 않았다. 미국에 도착하기까지 기내에서 먹일 우유와 기저귀, 약 등을 챙기고 만약에 열이 나거나 토할 경우의 대비책 등을 일러 주는 것 같았다. 또 미국에 도착하면 입양 할 부모가 나와 있을 테니 아이를 어떻게 넘겨주면 된다는 등 여러 가지를 설명하는 것 같았다.

가난한 시절, 그녀는 몇 개월 먼저 가 있던 유학생 남편을 따라 그렇게 미국행 비행기 값을 절약해가며 내 곁을 떠나갔다. 두 달 뒤인 내 결혼식도 보지 못한 채 청운의 푸른 꿈을 안고 두렵고도 설레는 아메리카 신대륙에 새 둥지를 틀기 위해.

느긋하게 차 한 잔 나눌 여유도 없이 허겁지겁 친구를 떠나보내고, 돌아오는 버스 안에서 곧 결혼을 앞둔 곁에 있던 남자친구도 아랑곳없이, 창피한 줄도 모르고 눈이 퉁퉁 붓도록 꺼이꺼이 흐느껴 울었다. 나도 내가 그렇게 눈물이 날 줄은 몰랐다. 만감이 교차했던 걸까. 그이의 따뜻한 눈빛과 위로도 나를 달랠 수는 없었다.

그녀와 나는 대학 시절 3년 동안이나 같은 집에서 한솥밥을 나누던 가족 같던 친구였다. 미운 정 고운 정이 많이도 들었다.

2학년 여름방학 때 우리 집에 들러 아버지가 잡아주신 토종닭으로 동생들과 같이 튀김도 해 먹고 밭에서 따 온 옥수수, 감자도 쪄먹으며 며칠을 보냈다. 그런 후, 친구 넷이서 그녀의 고향인 장흥 앞 바다에서 친척이라는 남학생들과 생전 처음 바다낚시를 했다. 겁 많던 나는 용기 내어 던진 낚시 바늘에 엄지손가락을 꿰어 피가 철철 흘러 모두들 당황했지만, 우리가 잡은 물고기로 바닷가 바위 위에서 남학생들이 떠주던 회 맛은 지금도 잊을 수가 없다.

엄마가 일찍 돌아가신 그녀의 고향 집에서는 할머니가 계셨다. 우리는 그곳에서 3일을 묵은 후 해남 대흥사에 들러 오기로 했다. 바닷가인데

다 쌀이 귀하던 시절이라 쌀 항아리가 있는 광에는 자물쇠가 굳게 잠기어져 있었다. 망을 보고 몰래 들어가 밑바닥에서 밥 해먹을 쌀을 훔치다가 들켜, 모두들 할머니에게 호되게 야단 맞았던 것도 그리운 추억이다.

그녀와 나는 대학을 졸업하고 각자 취업을 한 후 몇 달이 지났다. 그녀는 지인의 소개로 유학 갈 대학원생을 만났고, 나는 지금의 남편을 만났다. 나는 그녀의 피앙세를 그가 다니던 대학원에서 그녀와 같이 만났고, 많은 이야기를 나누었다.

그는 피부가 조금 까무잡잡했지만 듬직하고 성실했다. 대기업에 1년쯤 다니다가 뜻이 있어 다시 대학원에 다니며 유학 갈 꿈을 키우던 중 친구를 만나게 되었다.

결혼을 염두에 두고 교제를 하였지만, 막상 결혼 결정을 내려야 될 시점에 친구는 몹시 혼란스러워 했기에 나는 그이와 상의를 하였다. 같은 남자로서 그가 내 친구의 평생 반려자로서 괜찮은 사람인지를 봐달라고 했고, 우리는 넷이서 몇 번인가를 만나 함께 데이트를 했다. 내 남자친구는 적극 추천을 했고, 그들은 그렇게 결혼을 했다.

그는 정말 자기희생적이고, 화목한 집안의 패기 있는 믿음직한 남자였다. 부부는 오래 떨어져 있으면 안 된다고 하며 먼저 미국에 가서 준비가 되는 대로 바로 부르겠노라 했다. 그를 만날 때 마다 친구에게는 엄마의 빈자리를 채워 줄 가장 든든한 반쪽임을 확신하기에 부족함이 없었다.

그들은 그렇게 유학생 부부가 되어 미국생활에 안정되어가는 사이에도 우리는 자주 장문의 편지로 서로의 안부를 물었다. 내가 큰 아이를 갖게 되자 그녀는 공부하는 남편을 졸라 두 달 뒤, 나를 좇아 첫 아이를 갖게 되었고, 연달아 둘째를 갖는 바람에 연년생을 낳았다.

그러다 보니 그는 가장으로서 아르바이트와 학업을 병행하게 되었고, 엎친 데 덮친 격으로 지도교수를 잘못 만나 박사학위는 늦어만 갔다. 적극적인 그녀는 차라리 자기가 공부하겠다며 공부를 시작했고, 학업이 끝나자 곧바로 일을 갖게 되었다.

그러는 사이 강산도 변한다는 10년이 흘러 그들은 처음으로 서울 나들이를 하러 나왔다. 참으로 귀엽고 사랑스런 두 아이와 함께 단란하고 행복한 모습이었고, 열심히 생활한 덕택으로 제법 여유로워 보이기도 했다. 우리는 많은 이야기를 나누며 그간의 시공(時空)을 초월했다. 오랜만의 귀국은 시댁어른의 행사도 겸했지만, 서울에 자리를 마련하기 위해 온 것이기도 했다. 그녀의 남편은 대학에 자리가 결정되는 듯 하더니 마지막 순간에 무산되었다. 굳이 대학 교수가 아니어도 이젠 미국생활을 청산하고 귀국하고 싶어 하는 남편과 달리 그녀는 이미 안정된 미국에서의 생활을 원했다.

그들은 그렇게 미국에서의 삶을 치열하지만 안정되고 행복하게 살았다.

정작 아메리칸드림을 가졌던 나는 남편직장 일로 일본과 서울을 오가며 살았다. 그런데 특별히 미국에 가야겠다는 생각을 하지 않았던 친구는 미국시민이 되었고, 정작 미국에서 공부하겠다던 나는 일본을 오가며 사는 것도 참으로 아이러니가 아닌가!

그렇게 세월이 흘러도 서로의 안부를 묻고 살았지만, 그 친구도 나도 일 하며 아이 키우기 바쁜데다 시차가 있어 조금씩 연락하는 횟수가 줄었다. 그러다 소식이 끊겼다. 그러나 늘 마음의 숙제 같았던 그녀를 세월이 다시 찾게 했고, 이런 저런 수소문으로 어렵게 연락이 닿아 참으로 오랜만에 통화를 하게 되었다.

세상은 참으로 넓고도 좁다고 했던가! 우연히도 내 여고시절 친구가 그녀와 같은 유학생 부부로 그 넓은 미국에서 같은 아파트 옆 동에 살고 있었다. 그들은 자연스럽게 같은 유학생 부부로 서로 가깝게 지냈고, 내게는 대학과 여고시절의 친구의 친구인 셈이다. 그래서 짧은 전화 중에도 여고친구의 안부를 물었더니 전화번호를 알려 주었다

나는 할 말이 많았지만 출근하는 중에 전화를 받는 것 같았고, 운전하는 친구가 신경 쓰여 다시 전화를 하겠노라 했다. 그녀가 괜찮다고 하여 통화는 했지만 긴 얘기를 나눌 수는 없었다. 그저 서로의 아쉬운 안부를 묻는 정도였다. 대화중에 그녀의 남편 안부를 묻자 어색해하며 얼버무렸다. 그런데 왠지 누군가 곁에 있는 느낌이 들었다.

그녀와의 짧은 전화가 끝나자 곧바로 여고친구에게 전화를 했다. 다행

히 연락이 되었다. 하고 싶은 말이 많아 길어지자 친구는 국제통화료가 싼 미국에서 다시 하겠단다. 우리는 반가움에 시간가는 줄 모르고 못 다한 긴 이야기를 나누었다. 얘기 끝에 조금 전 대학친구와의 통화에 대한 내 느낌을 전하며 의아해 하자 망설이더니 조심스레 말해준다. 서로 헤어졌고, 얼마 전 좋은 사람과 인연을 맺었노라고. 순간 할 말을 잊었다.

이 세상 많은 부부들이 만났다 헤어진다 해도, 그들이 그런 아픔을 겪는다는 건 감히 상상할 수조차 없다고 믿었다.

그녀의 남편은 누구보다도 가정을 소중히 여기는 사람이었다. 그 여고 친구도 인정했다. 한국에도 미국에서도 그런 남자는 찾아보기 쉽지 않다고. 이웃에서 오랫동안 지켜보았노라고. 그렇다. 어쩌면 나보다 더 오랜 시간을 가까이서 지켜보았을 테니까.

그렇다면 무엇이 그들을 그렇게… !

그는 책임감과 자존심이 강한 남자였다. 그리고 아내를 많이 아끼고 배려하는 희생적인 사람이었다. 반면 그녀는 적극적이고 진취적이며 생활력이 강했다. 무뚝뚝해 보이지만 착하고 속이 깊다.

그의 안부를 묻자 집에서 그냥 쉬고 있다고 얼버무렸다. 적어도 내가 아는 그는 그녀가 일할 때, 그냥 집에서 쉬고 있을 사람은 아니라는 걸 잘 알기에 좀처럼 이해가 안 되었다. 역시 그런 큰일이 있었기에 그렇게 얼버무렸나보다.

그날 나는 하얗게 밤을 지새웠다.

가을이 오면

가을이 오면 유난히 그녀가 생각난다. 친구인 사사키(佐々木)다.

그녀를 처음 만난 건 삿포로시(札幌市)에 살 때다.

무덥던 여름도 훌쩍 우리 곁을 떠나고 어느 덧 보도 위에 은행이 수북이 떨어져 바쁜 행인들의 발길에 밟히고 있다. 코를 찌르는 그 특유의 묘한 냄새가 오늘은 왠지 싫지 않다. 자연의 향, 허브처럼.

내 마음 속에 자리한 사사키를 생각하며 걷다보니 그녀처럼 세상을 따뜻하게 바라보는 여유가 생긴 걸까.

그때도 이런 맑은 가을이었다.

책을 좋아하는 그녀와 나는 국립 홋카이도(北海道)대학에서 6개월 과정인 "도시와 문학"을 듣기로 의기투합하고 등록했었다. 물론 그녀가 제안

했고 나는 좋은 친구와 듣고 싶은 강의를 함께 한다는 설렘이 있었다.

그즈음 도서관에서 책을 읽어도 늘 채워지지 않는 허기 같은 것들이 있기도 했고, 체계적인 공부가 하고 싶던 시기여서 더욱 기대가 컸는지도 모른다.

그런데 결국 강의를 나 혼자만 들어야 했다. 청천벽력 같았던 그녀의 큰 수술 때문이다. 그녀는 잔잔하고 평화롭던 일상에 많은 변화가 생겼고, 내게도 많은 생각을 하는 계기가 되었다.

오늘따라 서울의 아침, 가을 하늘이 유난히 청명하고 상쾌하다. 여행 중에 만난 스페인의 하늘이 유난히 맑아 기억에 남는 것처럼.

지난여름 도쿄의 서점에서 샀던 "작가의 커피"를 들고 내가 자주 들리는 한남동의 E카페로 가는 길이다. 그녀를 생각하면서.

그렇다고 우리가 그렇게 자주 연락을 하고 살지는 않는다. 그런데도 그녀는 언제나 변함없이 그 자리에 있다. 시간과 공간을 넘어 오랜만에 다시 만나도 그 때 그대로다.

우리는 딸아이들이 같은 '루테르(Luter)유치원' 친구여서 알게 되었다. 하나코짱, 유키코짱, 유이짱, 유우짱, 다쿠야군, 다케시군, 여기에 혜원이 합류한 셈이다.

방과 후 이집 저집을 오가며 아이들은 아이들끼리 즐겁게 놀고, 엄마들은 차를 나누며 이런저런 이야기를 나누기도 하고 케이크를 배우기도 하며 가깝게 지내곤 했다. 그런 모임에 서울에서 온 딸애와 나를 초대해 주었다.

모두들 5세반인 넨쇼구미(年初班)에서 6세반인 넨츄구미(年中班)를 거쳐 7세반인 넨쵸구미(年長班)로 올라온 터라 자연스럽게 함께 노는 또래문화가 알게 모르게 굳어져 있어 끼어들기가 쉽지 않은 분위기였다.

그런데 넨쵸구미에 들어간 딸애는 일본어도 다 잊어버린 데다 유치원이 끝나고 함께 어울려 놀 친구가 필요했다. 좋은 친구들과의 만남과 적당한 소속감은 이듬해 초등학교에서 잘 적응할 수 있기에 이 모임은 안성맞춤이었다.

남편의 주재근무가 끝나 나는 서울로 돌아오고 몇 년이 지나 그녀는 남편의 고향, 아키타(秋田)로 돌아가 자리를 잡았다. 그녀의 남편이 본가(本家)의 가업을 잇기 위해서다. 나를 뺀 다른 친구들은 이렇게 저렇게 그녀의 집 아키타에서 추억을 쌓아가곤 했다.

세월이 흘러 나는 또다시 도쿄의 전근족이 되었고, 그들도 대부분 원래 자리인 도쿄로 돌아와 지내고 있었다. 마침 나에게도 아키타의 달콤한 여행 기회가 주어졌다.

도쿄에서 살았던 3년 동안 이런저런 여행이 있었지만, 아키타여행이 단연 최고였다. 도쿄 토박이인 다케시군의 엄마인 마나카와 함께한 2박 3일 일정이었다. 마나카는 삿포로에서 같은 맨션의 7층에, 나는 9층에 살았다. 유난히 전근족이 많았던 우리 맨션에 말하자면 그녀는 도쿄에서, 나는 서울에서 온 전근족이었다.

매사에 정보도 많고, 부지런하고 착한데다 열성적인 그녀는 유치원 학부모회장으로 크게 의지가 되었다. 아이들은 우리 집과 그 집을 오가며 저녁을 먹기도 했고, 유치원이 끝나면 수영과 학습지 구몬교실도 함께 다녔다. 특히 다케시군은 내가 만든 포테이토칩을 아주 좋아했다.

그런 친구와 함께하는 여행은 든든했다.

어느 맑은 가을 우리는 아키타를 찾았다. 아키타공항에 도착하니 사사키가 우리를 반겨주었다. 그녀의 차를 타고 집에 도착해보니 듣던 대로 대저택이다. 시어머니가 계시는 집안 정원 한 켠에 우리의 홍살문 같은 도리이(鳥居)가 있다. 무엇보다 내 발길을 끄는 건 그녀가 소중히 가꾸는 장미정원이다. 새빨간 흑장미, 오렌지 빛, 그윽한 우윳빛, 그리고 연한 분홍, 진한 핑크 장미들이 흐드러지게 피어 그 향과 탐스러움이 눈과 코를 호사롭게 했다. 연못에는 형형색색 비단잉어들이 춤을 추며 놀고 있다.

그녀가 사는 안채와 시어머니가 사는 또 다른 안채가 긴 복도로 이어져 있다. 그것은 서로의 사생활은 보호되면서 동시에 소통이 잘 되고 있음을

아키타 사사키네 장미원 풍경

보여준다. 부모세대와 동거하는 몇몇 일본 지인의 집을 보는 것 같았다.

집 구경을 마치고 가족들과 저녁식사를 함께 했다. 대학생인 아이들은 도쿄와 뉴욕에 있기에 가족이라 해도 시어머니와 사사키네 부부 세 식구다.

메뉴는 아키타 향토음식인 기리탄포(切りたんぽ) 전골이다. 닭 뼈를 우려낸 국물에 미나리, 대파, 각종 버섯과 닭고기를 넣어가며 끓이다가 적당히 익으면 각자 덜어서 먹는다. 웬만큼 먹었다 싶을 때 기리탄포를 국물에 넣어 끓여 먹는데 이것이 별미다. 기리탄포는 햅쌀로 지은 고두밥을 절구에 절반정도 찧은 다음, 어른 손바닥만 한 크기로 동그랗고 두툼하게 만들어 석쇠에 떡처럼 살짝 구운 것이다. 닭고기 뼈 국물에 여러

야채가 잘 어우러져 깊은 맛이 일품이다. 거기에 익혀먹는 기리탄포는 유난히 침샘을 자극했다.

특히 부부애가 유난한 그녀의 남편이 바쁜 시간을 쪼개 직접 국물을 우려내고, 시어머니가 기리탄포를 만들고 구워주셨다. 우리가 준비해간 김치와 막걸리를 곁들여 함께 마시며 이런저런 이야기를 하다 보니 밤이 깊어졌다.

다음날 아침은 우리 셋이었다. 갓 짠 그레이프 주스, 신선한 야채샐러드와 베이컨, 비엔나소시지에 직접 내린 커피향이 온 집안에 그윽했다. 손수 만들었다는 사과와 딸기 잼을 토스토와 크루아상에 발라 입에 넣으니 부지런하고 따뜻한 친구의 정성에 고맙고 행복했다.

아침을 먹고 우리는 베스트 드라이버인 사사키의 차를 타고 아키타현립 미술관에 들렀다. 미술관 입구에서 가판 아주머니가 파는 아키타 명물이라는 소프트 아이스크림도 먹으며 갈 길을 서둘렀다.

진한 유황으로 바닥이 잘 보이지 않는 쓰루노유(鶴ノ湯)온천의 노천탕에서 잠시 몸을 녹이고, 가을빛이 완연한 동북부지방 아키타의 깊은 산과 들을 보며 달리다가 아오모리(青森)현 도와다(十和田)호수에 차를 멈췄다.

바다처럼 넓은 호수 위에 금방이라도 닳을 듯 아슬아슬해 보이는 붉은 석양, 그 빛에 반사되어 반짝이는 황금빛 인어상은 참으로 눈부신 장관이었다. 발아래 물가에는 건장한 남자어른 팔뚝만한 물고기들이 떼를 지어 입을 벌름거렸다. 환호를 하며 몇 장의 사진을 찍고 다시 길을 나섰다.

그날 밤 깊어가는 가을, 아오모리의 깊은 산 중턱에 자리한 호텔에서 우리는 밤늦도록 지나온 시간들과 지금의 생활, 그리고 앞으로의 삶을 나누었다.

삿포로를 떠나 낯선 아키타에서 적응하기 힘들어 했던 사사키네 아이들, 서울에 돌아와 자주 바뀌는 환경에 힘겨워 하던 우리 아이들, 그리고 마나카는 도쿄로 돌아와 적응하던 때를 이야기했다. 각자의 자리에서 최선을 다해 지나온 나날들을 서로 대견해 하며 손을 꼭 잡았다.

이렇게 맑은 가을이면 유난히 그녀가 생각난다.

영문학을 전공하고 해외를 넘나들며 일하던 꿈 많던 그녀. 유난히 긍정적이고 따뜻한 친구. 젊은 날 큰 병을 잘 이겨내고 시어머니와 딸처럼 오순도순 잘 사는 모습, 은은한 연둣빛 접시를 구웠는데 아직은 서툴다며 쑥스럽게 웃으며 건네주던 그녀.

바쁜 시간을 쪼개 도서관에서 봉사하는 모습이 참으로 건강해 보였다.

딸아이가 있는 뉴욕에 다녀온 뒤 영어가 예전 같지 않다며 다시 대학에서 공부한다더니 지금쯤은 유창해졌겠지.

40대를 후쿠오카에서 맞이하면서

1988년 서울 올림픽의 3년 전, 남편은 직장에서 해외주재근무로 오사카로 나가게 되었다. 3살 된 큰 아이와 뱃속에는 8개월째인 딸애가 있었다. 무거운 몸을 한 아내와 아들을 실은 비행기가 오사카의 상공에 가까워지자 왠지 남편은 갑자기 안절부절 초조해 했다.

그 당시 틈틈이 조금씩 일본어 공부를 했다지만 대화를 할 수 있는 수준이 아니던 내게 그이는 "화장실은 어디입니까?"를 가르쳐 주었다. 그 무렵, 나는 임신 말기여서 자주 화장실에 가곤 했었다.

그리고 이미 만들어진 자신의 명함 뒤에 일본어로 "용건이 있으면 저에게 직접 전화를 부탁합니다." 라고 써서 건네주었다.

어쩌면 그이는 여러 가지로 입국 수속을 해야 하는데 한창 호기심 많은 아들애가 무엇이든 신기해서 여기저기 두리번거리며 산만하여 어디로 갈 지 모르고, 일본어도 제대로 할 수 없는 배부른 아내가 혹 당황하여 곤란한 상황이 생기지 않도록 배려하여 건네준 것이 아니었을까!

나는 그 명함을 자신의 생명과 같이, 아니 내 신분증명서처럼 소중히 아주 소중히 간직했다. 그것을 건네준 남편도 그걸 받아 든 나도 말없는 깊은 안도가 통하는 순간이었다. 남편이 언젠가 일본으로 해외근무를 나간다는 것은 어느 정도 짐작은 했다. 그런데 나 자신도 일을 하다 보니 생활에 쫓기어 일본어를 제대로 공부해 두는 게 그저 마음뿐이었던 것이 이제 현실로 나타나 답답한 생활의 시작이란 생각이 들었다.

한편 그럼에도 불구하고 아이러니하게 나는 남편을 따라 일본에 가게 되면 내 전공을 계속해서 좀 더 공부해보고 싶다는 막연한 꿈을 가지고 있었다. 사실 나는 미국에서 공부하여 대학교수가 되는 게 내 젊은 날의 꿈이었다. 그런데 남편을 만나고 많이 고민했지만, 자기 일에 긍지를 가진 진취적이고 진실한 사람이기에 결혼하기로 마음을 정했다. 남편과의 만남은 나 자신도 모르는 사이에 하느님이 나의 제2의 인생의 발걸음을 아메리칸 드림에서 일본 쪽으로 방향을 바꾸어 주셨는지도 모른다.

사람과의 만남, 특히 인생의 동반자와의 만남은 그런 면에서 정말 소중하다는 생각이 든다.

그건 그렇고 본론으로 돌아가, 불안한 마음과 설렘으로 3년간 살 맨션에 도착하자마자 우리는 곧바로 이웃집에 인사를 했다. 그런 내가 정말 안쓰럽게 보였는지 모두들 너무나 친절했다. 뭔가 도움이 되어 주고 싶어 하는 마음들이 내게도 전해져 안심이 되었다.

그리고 남편이 알려 준 한마디. "일본 사람도 내가 마음을 열어 진실하게 대하면 상대방도 같은 거야." 라고 해 준 말. 사실 아주 평범하지만 내게는 큰 용기를 주었다. 당시 28세인 나는 일본에 대한 역사적인 굴욕감을 선입견으로 가지고 있었다. 그런 나는 무엇보다 남편의 말 한마디와 이웃들의 따뜻한 시선에 힘입어 일본어 공부에 열중할 수 있었다.

또 잘 할 줄도 모르는 서툴고 어설픈 요리지만, 내게 뭔가 마음을 열고 친절하게 대해 주는 일본 친구와 이웃들에게 답례로 김치를 만들어 주기도 하고 가르쳐 주기를 원하면 또 열심히 가르쳐 주는 사이에 일본인의 좋은 점들을 많이 느끼고 배우게 되었다.

그렇게 시간이 흐르고 뱃속에 있던 딸애도 건강하게 곧잘 커가자 나는 막연하게 가졌던 꿈을 현실가능한 쪽으로 구체화시키기로 마음먹었다. 이렇게 일본에 왔으니 할 수 있는 한 넓고 깊게 일본에 대해 제대로 공부해서 돌아가자는 생각이 들었다. 그러기 위해서는 우선 회화를 잘해야 소통이 되는데 서투른 내 일본어 실력으로는 한계를 느껴 일본어 공부를 정말 열심히 하게 되었다.

그때 나는 두 아이의 엄마이니 내 아이들을 잘 키우며 일본어 교사가 되자는 구체적 목표를 정하고, 틈만 나면 TV와 라디오를 틀어놓고 따라하며 책도 열심히 보고 짬을 내어 문화센터 강좌도 듣고 노력한 결과, 일본어 교사 자격과 일본 문부성의 일본어 능력시험 1급에 합격했다.

서울에 돌아간 나는 일본어 강사가 되었다. 운 좋게 대기업 사원들에게 일본어를 강의하게 되었다. 일본어를 통해 그들과의 만남이 생긴 나는 또다시 가르치기 위한 공부를 시작했다. 수업이 끝나면 곧바로 도서관으로 가서 다음날 수업 준비를 위한 공부의 연속이었다.

그렇게 3년이 흐르고 남편은 또다시 삿포로로 주재근무를 나가게 되었다. 나는 문학을 좋아해서 국립 홋카이도(北海道)대학에서 "도시와 문학"에 대한 강의를 듣고, 문화센터에서 NHK 아나운서였던 선생님께 "발음교정과 제대로 말하는 법"을 배웠다. 또 아이들이 다니고 있던 유치원과 초등학교에서 요청을 해오면 서투른 요리와 한글을 가르쳤고, 삿포로시(札幌市)에서 자원봉사로 통역을 했다. 그리고 다시 서울로 돌아와 문화센터와 여러 기업, 어학원에서 일본어를 가르치며 많은 멋진 사람들과 만나게 되었다.

귀국한지 5년째인 금년 3월 후쿠오카에 와 5개월이 지났다. 후쿠오카는 오사카와 삿포로와는 또 다른 느낌이 들었다. 가장 가깝고 친근하게 느껴지는 것은 예로부터 문화적인 관계도 깊었지만, 무엇보다 한국 방송을 실시간으로 직접 들을 수 있다는 사실이 놀라웠다.

나는 지금 후쿠오카 대학원에서 일본어를 공부하고 있다. 1학기가 분주하게 지나가 버렸지만 지금까지처럼 일본과의 만남을 소중히 해 가고 싶다. 그리고 일본어를 통해 나와 만났던 내 나라의 많은 사람들에게 내가 알고 있는 한 일본을 정확하게 알렸다는 생각이 들었지만, 후쿠오카에 있는 동안 제대로 좀 더 공부해 보고 싶다. 그래서 이성적이고 객관적인 이웃나라로서, 21세기를 향해 사이좋게 살아가는데 조금이라도 도움이 되는 사람이 되고 싶다. 그리고 앞으로의 나의 역할이 무엇인지는 좀 더 차분히 생각해 보려 한다.

우리 아이들은 지금 중학생으로, 아들은 국제학교에서 딸은 일본학교에서 언어 장벽과 이(異) 문화의 혼란 속에서 힘겹게 고군분투하고 있다. 그럼에도 불구하고 이런 고비를 잘 극복하여 장차 한국과 일본 사이에 꼭 필요한 사람, 뭔가 도움이 될 수 있는 사람이 되기를 마음 속 깊이 믿어 본다. (『후쿠오카 시민문예』제34호(시의회 의장상 수상 작))

≡ 작가의 변 ≡

세 번째 일본생활이 시작되던 1998년, 후쿠오카에 간지 두세 달쯤 되던 어느 봄날 아침이었다. 남편은 식탁위에 〈후쿠오카 시민예술제 문예작품 공고〉를 살며시 두고 나갔다.

"뭐야! 날 보고 쓰라고?" 그냥 혼자 웃음이 나왔다.

책읽기는 좋아하는 편이었지만 정식으로 수필을 써본 일이 없는데다 일본어로 수필을 쓴다는 것이 처음엔 엄두가 나지 않았다.

그즈음 중3인 큰아이는 국제학교, 중1인 딸애는 일본중학교에서 외국어로 진행되는 공부를 무척 힘들어하고 있었다. 문화, 언어 장벽과 사춘기를 함께 앓았다. 둘째 딸아이는 공부에 욕심이 있어 시험을 앞두고 많이도 울었다. 안 되는 건 포기하면 좋겠는데 그게 힘든가보다. 그것을 바라보는 나는 어미로서 안타깝고 우울한 날이 많았다.

그때의 응모작 「40대를 후쿠오카에서 맞이하면서」는 나 자신과 아이들에게 부른 위로의 노래요 희망의 메시지였다.

뜻밖의 행운으로 큰상을 받고 보니 수필에 눈을 뜨게 되었다.

수필을 공부하고 알아가며 수필과의 인연이 시작된 계기가 되었다.

이 글은 그간 읽고 싶다는 선배 문우들과 독자들이 있었으나, 내 글임에도 불구하고 게을러 십 수 년이 지나 번역하여 소개하면서 특별히 생각나는 선배 작가가 있다.

지금은 하늘나라에 계신 박 재소선생이다. 조용한 성품을 지닌 그녀가 나직이 혼잣말처럼 말했었다. "한 번 읽어보고 싶다"고.

사실 나는 고맙기도 했지만 좀 쑥스러워 조용히 "아~ 네~" 하며 웃어 넘겼다.

그런데 시간이 흐르고 『한국산문』에서 뜻밖의 소식을 접하고 한동안 멍하게 부엌 창밖을 보았다. 때 늦은 후회와 미안한 마음을 내내 지울 수가 없다.

첫돌의 기억

얼마 전 남동생 딸아이의 돌잔치에 갔다. 마침 주말이기도 하고 패밀리 레스토랑에서 한다기에 비교적 가벼운 마음이 들었다. 맞벌이 부부라 준비 할 시간적 여유도 없었을 텐데 잘했다는 생각이 들었다. 시골에 계신 부모님은 잔치 떡을 준비 해 오셨다. 레스토랑의 큰 방에는 돌잔치에 걸 맞는 장식과 이벤트 준비로 한창이었다. 깜찍한 복장의 전담요원 아가씨들이 신세대답게 아주 즐겁게 행사를 이끌어 갔다. 동생 부부의 친가, 외가식구들과 가까운 직장 동료, 친구들이 첫 생일을 축하 해주었다. 귀엽고 깜찍한 색동 한복을 입었던 잔치 주인공은 결혼식 피로연에 짠하고 나타나는 신부처럼 순식간에 예쁜 드레스로 갈아입고 많은 하객을 향해 어리둥절한 눈으로 카메라에 포즈를 취했다. 음식 대접 또한 재

미있었다. 잔치를 주관하는 사람이 레스토랑의 모든 메뉴가 적힌 카드를 주면 각자 먹고 싶은 음식을 디저트까지 마음껏 골라 먹은 후에 카드를 돌려주면 되는 것이었다.

생활과 세태의 흐름 따라 돌잔치도 발 빠른 비즈니스에 맞춰 변화하는 것 같았다. 색동옷을 예쁘게 입은 어린 조카를 보면서 나는 지금 군복무중인 큰아이의 첫돌이 마치 얼마 전의 일처럼 떠올랐다. 자식은 어느 부모에게나 귀하고 사랑스럽듯 큰아이도 참으로 많은 사람들로부터 귀여움을 받았다. 친정어머니는 어디서 사셨는지 아주 앙증스러운 돌 한복을 해 주셨다. 잘 어울리는 도련님 모자까지 쓰고 그 날이 자신의 첫 생일인 것을 아는 것처럼 울지도 않고 재롱도 부려 오신 손님들을 흐뭇하게 했다. 지금과 달리 그때는 대체로 집에서 정성껏 마련한 음식으로 첫돌 잔치를 했던 것 같다. 친정 식구들, 시부모님과 친가 식구들, 친구들 몇 팀으로 나눠 분주하지만 즐거운 시간을 보냈다. 지금 생각해 보면 용케도 잘도 했다 싶다.

물론 친정어머니와 이모가 많이 도와주셨지만, 힘들고도 즐거웠던 돌잔치를 마치고 모두가 돌아 간 밤이었다. 하루를 정신없이 보내고 피로가 몰려왔지만 뭔가 아이에게 부모로서 할 일을 해 준 것 같은 뿌듯함으로 충만해 있었다. 그런데 사단은 그 날 밤에 일어났다. 아무 탈 없이 즐겁고 건강했던 아이가 늦은 야밤에 갑자기 몹시 괴롭게 울기 시작했다. 너무 갑작스러워 아이를 달래고 얼러 보았지만 소용이 없었다. 아이를 업고 밖으로 나가 시원한 공기를 쏘이며 나름대로 대처해 봤지만 아이는 그칠 기미를 보이질 않았다. 우는 상황으로 보아 어딘가 아픈 것임에 틀림없었다. 그런데 열도 없고 토하거나 설사를 하지도 않고 그저 큰 소리로 울기만 하는 것이었다.

도대체 뭐가 잘못된 걸까!

왜 이리 괴롭게 온 힘을 다해 운단 말인가?

그저 우리 부부는 늦은 야밤에 급박한 상황에 당황하며 얼마를 허둥대었을까. 결국 아이를 들쳐 업고 가까운 병원 응급실로 갔다. 그러나 예상대로 조금 더 두고 보자는 것이었다. 열이 있거나 토하거나 설사를 하는 것도 아니고, 특별한 증상 없이 고통스럽게 울기만 하니 분명 어딘가 괴롭기는 한 것 같은 데 이제 1년 된 아이라 쉽게 약을 쓰기가 조심스럽다는 것이었다.

깊은 밤 우리는 온 힘을 다 해 괴로워 우는 아이를 데리고 쩔쩔매며 집으로 돌아오는 길이었다. 땀을 흘리며 고통스럽게 울기 시작해 얼마나 시간이 지났을까. 아파트 입구에 들어서자 아이가 갑자기 토하기 시작했다. 낮에 동그랑땡을 비롯해 이것저것 먹은 것이 심하게 체했던 것이었다. 아이가 워낙 밝고 순해서 이 사람 저 사람 손에 귀여움만 받았지 손님들로 분주하다 보니 누구 하나 아이만을 전적으로 챙기지 못한 게 화근이었다. 조그만 배에 그렇게 많은 음식이 들어 있었나 싶을 정도로 많은 양을 토해 내었다. 그리고 아이는 거짓말처럼 편안해했다. 그 순간 엄마인 나는 눈물이 날 만큼 죄책감을 느꼈다. 무식하고 무지한 엄마인 것만 같았고, 아이를 제대로 챙기지 못했다는 자괴감이 나를 억눌렀다. 아이를 위한답시고 돌잔치 후 엄마로서 제법 뿌듯했던 내 마음은 속절없이 무너져 내렸다.

첫 생일잔치!

아이가 이만큼 건강하게 잘 커 준 것에 대한 감사와 앞으로도 사랑으로 잘 지켜 봐 주기를 바랐던 날의 향연이 아니던가.

그러나 정작 아이에게 소홀하여 제대로 챙기지 못한 죄책감이 있던 내겐 오늘이 즐겁고 신선하다. 주인공이 정말 주인공인 것 같아…

(『수필문학』 2010. 11월호)

하늘 길을 택한 할머니

풀잎에도 상처가 있다.
꽃잎에도 상처가 있다.
너와 함께 걸었던 들길을 걸으면
들길에 앉아 저녁놀을 바라보면
상처 많은 풀잎들이 손을 흔든다.
상처 많은 꽃잎들이
가장 향기롭다.

정호승 시인의 「풀잎에도 상처가 있다」를 읽으면 떠오르는 사람이 있다.

10여 년도 훨씬 지난 오래전 일이다. 추석을 며칠 앞두고 친정엄마의 전화를 받았다. 손자들과 사위의 안부를 묻는데 왠지 뭔가 할 말이 있는 듯 목소리가 이상했다. 집에 무슨 일이 있냐고 물었더니, 이웃집 할머니

가 돌아가셔서 다녀왔는데 어째 마음이 몹시 심란해서 전화를 했단다. 뒷집에 사는 그분은 여든이 다 되었고, 나는 사실 대학 때 독립을 하여 깊게 인연이 있는 건 아니었다.

뒷집 할머니는 젊은 나이에 남편과 사별하고 농사를 지으며 3남 1녀를 억척스레 길렀다. 목수인 큰아들, 막내아들과 딸도 결혼하여 모두 외지에 나가고 둘째와 사셨다. 그런데 몇 년 전에 둘째며느리가 병으로 세상을 뜨자 아들마저 객지로 나가버려 혼자 외롭게 사셨다. 둘째며느리가 떠난 후 무척이나 서럽게 울며 내 복이 아니라고 한탄하셨다 한다.

그래서일까. 시골에서는 있으면 있는 대로 없으면 없는 대로, 동네의 대소 경조사가 다 품앗이인데 일체 오지도 가지도 않는 유일한 분이었다. 마을의 누구와도 교제하는 사람 하나 없이 코앞에 있는 노인정에도 발걸음을 안 하고 외딴 섬처럼 마음속에 담을 쌓고 오로지 홀로 사셨다.

"수면제를 먹고 돌아가셨어야…."

친정엄마의 말을 듣는 순간 온 몸에 소름이 쫙 끼쳤다. 어쩌다 친정에 들를 때면 먼발치에서 창밖으로 잠깐씩 스쳐 보였다. 그때마다 표정은 없었지만 강인하고 너무나 건강해 보여 할머니라는 느낌조차 들지 않았기에 더 그랬다.

워낙 뒷집과는 왕래가 없다보니 내가 할머니와 마주할 일은 별로 없었다. 밤이 깊어 창문을 살짝 열면 창밖으로 은행나무와 감나무가 무성했던 것만 기억난다. 시골집치고는 마당도 제법 넓었고 언제나 깔끔하게 텃밭을 가꾸어 계절 따라 풍성해 보였다. 구석구석 살뜰하고 부지런한 할머니의 손길이 닿아있었다.

돌아가시던 날 아침, 할머니는 생전 처음 부침개를 만들어 엄마를 찾아 오셨다. 추석을 앞두고 차례문제로 큰며느리에게 전화했더니 바람난 아들을 들먹이며 귀신이 득실거리는 제사는 지내서 뭐하냐며 대들기만 하더란다. 유달리 자존심이 강해서 가까운 곳에도 품앗이나 일거리가 있지만 멀리 타지에 나가 고추도 따고 감자도 캐주고 해서 품삯을 받아 푼푼이 모으셨단다. 어렵게 목돈을 모았는데, 얼마 전 딸이 약간의 돈이 급하다 하여 필요한 만큼 찾아 쓰고 달라고 통장을 주었더니 몽땅 가져가서 돌려 줄 생각을 안 한다는 하소연을 늘어놓았다.

그리고 친정엄마에게 그동안 이웃에서 지켜보았는데 참으로 양반집에서 잘 배운 어른이라 생각했다며 그간에 쌓인 미안함을 전하더란다. 친정엄마는 그간 섭섭한 게 많았지만 너무 측은하여 3년 전에 자식들 주려고 담가둔 포도주를 대접하며 위로했다고 한다.

평소에 말수도 없는 분이건만 "참 맛나요, 예" 하며 드시는 얼굴이 무척 편안해 보였단다. 그때 이미 마음의 준비를 하셨던 걸까. 친정엄마가 장에 간 사이 아주 먼 길을 떠나셨다.

추석이 다가오자 할머니가 가장 아끼던 큰손주가 안부 전화를 드렸더니 받지를 않아 이상히 여겨 달려온 큰손주에게 발견되었다. 그러나 이미 돌아가신 후여서 병원으로 옮겨 장례를 치르게 되었다. 빈소도 마련되지 않은 시골장례에 다녀오신 친정엄마는 참으로 어처구니가 없으신 듯 했다. 할머니의 며느리는 장례를 마친 후 김치, 떡, 맥주를 장만하여 노인정에서 동네어른들을 대접했다.

"죽으니 후하네." 누군가 속에 있던 한마디를 했지만 모두들 아무 말 없이 대접을 받았단다. 엄마는 그날 아침 일이 눈에 선해 도저히 음식을 입에 댈 수가 없었다고 한다.

상을 치른 후 형제들끼리 싸우는 소리가 들려 막내딸을 조용히 불러 타일렀단다. 아직 상중이고 어머니는 이미 떠나셨으니 살아있는 형제끼리 다투지 말고 우애하는 게 가신 분에 대한 도리라고.

이승에서 홀로 지탱했던 삶이 얼마나 힘들고 고통스러웠으면 여든이 다 되어 그 길을 택했을까. 결국 친정엄마와 나눈 부침개와 포도주가 최후의 만찬이 된 셈이다.

그렇게 할머니가 가신 후 십 년이 더 지나고 친정엄마는 처음으로 속내를 털어놓았다. 아름드리 커다란 은행나무들이 우리 집 담을 넘어 바람에 휘날려 낙엽 쓸어내는 일도 번거로웠지만, 그 보다 고약한 것은 지붕 위는 물론 처마 밑 차양에 설치한 빗물받이에도 낙엽이 수북이 쌓여 덮개를 해 달았는데도 미안한 마음도 없는 것 같더란다. 내 것에 지나치게 애착을 갖는 사람이라 나무 좀 베어 달란 말도 못한 채 속앓이를 하고 살았다는 것이다. 비바람이 몹시 불던 어느 날은 그 집 나무가 흔들려 유리창을 깨뜨려 갈아 끼웠는데도 아무런 말씀도 안 해 섭섭하셨단다.

혼자 힘으로 악착같이 오로지 자식들만 키우고 사시다보니 자식이 장성한 노년에도 사람들과 섞이질 못했던 걸까. 사는 게 고달파 누구에게도 힘든 마음을 열고 위로 받기가 어려웠을까. 아니면 그런 내 처지를 보이면 위로보다는 홀대받을지도 모른다는 염려 때문이었을까.

오직 '나 홀로' 그토록 외롭게 살다가 유서, 유언하나 없이 쓸쓸히 생을 마감했다니 마음이 아프다. 아직은 인심이 살아 있는 시골에서 그것도 가까운 이웃에서 그런 일이 일어났다는 사실이 충격이었다.

얼마 전 아버지 생신에 형제들이 고향집에 다 모였다. 창문을 열면 달빛 정갈한 그 집 마당이 눈에 들어오지만, 여느 때와는 달리 열어 볼 용기가 나질 않았다. 열었다가 잠을 이루지 못할 것만 같았다. 다음날 아침 어머니와 옥상 장독대에 올라 된장을 푸다가 고개를 드니, 주인 잃은 그 집은 텅 비어 허허로이 잡풀만 무성하였다. 상처 많은 할머니의 마음을 아는지 모르는지….

3

도쿄 취재기

일본 땅 여기저기에서 윤동주는 살아 있다. 물론 일본만이 아니다. 미국의 여러 도시에도 있고, 앞으로 캐나다, 러시아, 유럽, 호주 등 지구촌 곳곳에 윤동주의 시와 정신이 살아 숨 쉬게 되기를 소망해 본다.

오늘 이렇게 그가 잠시 머물러 조국광복의 꿈을 키웠던 전당, 어쩌면 서럽고 외로워 늘 혼자였을 그에게 잠시나마 위로 받을 수 있었던 이곳에서 그의 시와 정신을 통해 역사와 민족을 초월하여 시인을 만났다.

2008년 도쿄에서 만난 윤동주

도쿄의 릿쿄(立教)대학에서 윤동주를 만났다. 정문을 들어서면 아담하게 빨간 벽돌로 지어진 건물이 따뜻하고 정겹다. 그 오른편에 예배당이 있다. 오늘, 이곳에서 '시인 윤동주와 함께'라는 역사적인 모임이 열렸다. 릿쿄대학 문학부 100주년 기념행사의 일환으로 〈시인 윤동주를 기념하는 릿쿄회〉가 졸업생을 중심으로 발족되어 행사를 주관했다.

1945년 2월 16일, 조국광복을 6개월 앞두고 만 27세의 꽃다운 나이에 후쿠오카(福岡)형무소에서 애통한 죽음을 맞은 지 63주기가 되는 날임과 동시에 시인의 탄생 90년이 되는 날이다.

연희전문학교를 졸업한 윤동주는 1942년 4월 이 대학 영문학과에 입학하여 약 6개월간 공부하는 동안 주옥같은 5편의 시를 남겼다. 그 해

가을, 교토(京都)의 도시샤(同志社)대학으로 전학하여 한글로 시를 쓰는 불온한 인물이란 이유로 일본 경찰에 체포된다.

나라를 빼앗긴 민족의 서러움과 절대 고독, 굴욕, 부끄러움을 안고 조국의 해방을 간절히 기도했을 이 교회에서 우리 곁에 큰 존재로 살아 있는 시인을 만났다. 무려 270여 명이나 모였다. 한국에서 온 해외민족연구소 이윤기(李潤其)소장, 문학평론가 임헌영(任軒永), 윤동주 문학사상 선양회 박영우(朴榮雨)회장, 시인 최종천(崔鍾千)과 현재 일본에서 활발히 활동 중인 시인 김시종(金時種)과 정장(丁章), 그리고 재일동포 시인들, 유학생이 있었지만 오사카, 교토 등에서 온 인사들을 비롯하여 대부분은 도쿄 거주 일본인들이었다.

단상 한켠에 준비된 꽃 위에 사각모를 쓴 윤동주 시인의 사진이 금방이라도 일어나 함께 할 것 같은 느낌이었다. 일본인들은 그 사진을 좋아하고 '리리시이(늠름하고 씩씩하다.)'라고 하지만 나는 언제봐도 맑고 청순해 보이는 그가 외로워 보였다. 그런데 오늘은 다른 느낌으로 다가왔다. 위대하고 거룩해 보였다.

행사는 릿쿄대학 출신으로 도쿄의 '윤동주 고향을 찾는 모임'을 이끌어 가는 진주 같은 존재인 야나기하라 야스코(柳原康子)씨의 사회와 윤동주를 쏘옥 빼닮은 릿쿄대학 사제인 유시경(柳時京)신부님의 추도 기도와 찬송으로 시작되었다.

예배당에 모인 일본인 한국인 조선인이 하나가 되어 경기아리랑을 힘차게 불렀다. 경기아리랑은 윤동주 시인이 도시샤대학 재학 중 교토 강가에서 친구들에게 불러주었던 노래라 어쩌면 그도 하늘에서 듣고 있으리라. 이어 사물놀이로 고인의 넋을 위로하고 축사와 함께 한국어와 일본어로 4편의 시 낭독이 있었다. 「또 다른 고향」, 「별 헤는 밤」, 「서시」, 「쉽게 씌어 진 시」. 얼마나 우리 가슴을 울리던 시 들인가!

일본인들은 서툴지만 시를 이해하고 열심히 낭독하고 청중들도 하나가 되었다.

이렇게 1부 세리머니가 끝나고 2부는 릿쿄대학 동창회 부회장인 아마누마 리츠코(天沼律子)씨에 의한 이다 이즈미(井田泉) 목사의 소개로 시작되었다. 그는 57세로 성공회(聖公會)사제이기도하며 주요 저서로는 『주의 기도』, 『일한 그리스도교관계사자료Ⅱ』, 논문으로 『안중근과 그리스도교』가 있다.

이다 이즈미 목사는 '윤동주의 시와 신앙- 릿쿄대학 시절에 씌여진 시'라는 기조강연을 통하여 "시 「사랑스런 추억」은 키에르케고르의 『죽음에 이르는 병』의 영향을 받은 것으로 볼 수 있다"고 했다. 그 외에 「흰 그림자」, 「서시」, 「쉽게 씌어진 시」, 「봄」을 신약성서의 누가복음, 마태복음과 연관 지어 발표했다.

봄은 다가고- 동경교외 어느 조용한 하숙방에서,
옛 거리에 남은 나를 희망과 사랑처럼 그리워한다.
오늘도 기차는 몇 번이나 무의미하게 지나가고,
오늘도 나는 누구를 기다려 정차장 가차운 언덕에서
서성거릴게다.
… 아아 젊음은 오래 거기 남아 있거라.

- 사랑스런 추억의 일부

이어 그는 침통한 표정으로 신학자답게 담담하게 말하였다.

"시인은 후쿠오카 감옥에서 받고 싶었던 책이 『일어와 영어의 성서』였다. 그러나 우리는 당시 그를 지킬 수가 없었지만, 지금 우리는 오히려 윤동주 시인으로부터 정신적 위로를 받고 있다. 시인은 자유를 위한 역사의 희생양이 되었다."

잠시 바람을 쏘이고 준비되어 있던 녹차를 급히 마시자 이어 3부 심포지엄이 시작되었다.

사회는 『윤동주 평전』(송우혜) 일본어역을 곧 출판할 예정인 에세이스트 아이자와 가쿠(愛澤革)씨가 맡았고, 발표자는 김시종 시인, 사가와 아키(佐川亞紀) 시인, 이다 이즈미 목사였다.

주제는 '윤동주의 시 – 그 서정과 서정을 초월한 것'이었다.

김시종 시인은 〈시인 윤동주의 '서정'의 질, 그의 현대시〉에 대하여 일본어로 발표했으며 역시 주어진 시간이 짧은 듯 아쉬워했다. 그의 시집으로 오구마 히데오(小熊秀雄)특별상과 에세이집으로 마이니치(每日)출판문화상을 수상했으며 김석범(金石範) 씨와의 대담집인 『왜 계속 써 왔는가, 왜 침묵해 왔는가』와 『나의 생과 시』가 있다.

김 시인은 "윤동주의 시 「자화상」, 「밤」을 보면 어디까지나 '깊은 사유를 그린 시' 라고 본다. 그의 시는 영탄(詠嘆)도 아니며 축축한 감상도 아니며, 슬픔이 수정처럼 선명하게 주변의 정경에 응축되어 있다. 따라서 자연은 시인에게 찬미할 만한 대상이 될 수 없었다.

민족의 일원으로서 고난의 십자가를 짊어진 시인 윤동주는 자신이 존재하는 마지막 순간까지를 시로 묻고, 내면의 자신과 마주했다. 그러므로 당연히 '서정적'일 수 있는 여지는 전혀 없었다. 그러기에 윤동주의 서정은 맑은 시냇물처럼 머물지 않고 힘차게 흐르고 있는 것이다.

거기에는 일본어에 의해 정감, 서정이 막혀버린 시대(조선어가 죽은 언어

일 수 밖 에 없었던 시대)에 그것과는 '또 다른 조선어의 리듬'이 윤동주의 체내에 결코 사라지지 않는 힘으로 힘차게 흐르고 있음을 나타내고 있다.

윤동주를 그저 애처로워하지 말고 그의 오염되지 않은 순수한 서정의 깊이(질)에 마음을 담아 다시 한 번 읽혀지는 윤동주의 시이기를 바랍니다."라고 주장하였다.

이어서 사가와 아키 시인의 차례였다.

그녀는 53세로 시집『죽은 자를 다시 잉태하는 꿈』(어학사)으로 오구마히데오(小熊秀雄)상,『반신』으로 시와 창조상을 수상했으며 평론집『한국현대시 소논문집 새로운 시대의 예감』이 있다. 현재『시와 사상』편집위원이다.

"윤동주의 시에는 전통과 근대 요소가 있다고 생각한다. 우선 전통성은 시조와 비교하면 쉽게 알 수 있다. 서시 가운데 '하늘'은 그리스도 신앙과 관련되어 있지만, 유교적인 배경도 추측할 수 있지 않을까. 그리스도 신도가 적은 일본에서「서시」가 공감을 얻는 이유 중 하나는 유교의 전통이 있기 때문이다.

나머지 하나인 근대성은「자화상」,「돌아와 보는 밤」,「또 다른 고향」에서 윤동주는 자기를 객관화와 분리화를 시키는 점에서 찾아볼 수 있다. 윤동주는 민족의 피지배 시대의 억압상황 뿐만이 아닌 근대적 자아의 갈등도 표현하였다. 근대적 자아는 민족의 근대성에서도 중요한 문제다. 윤동주의 시는 일본군국주의에 대한 저항이기도 하고, 또 민족 내부의 비평과 인간의 보편적인 테마이기도 하다."

오늘 이 예배당에 흐르는 진지함과 순수함 속에서 어느 누구도 시인의 정신을 기리지 않은 사람이 있으랴. 그러나 그 중 유독 나를 사로잡은 인물이 있었다. 릿쿄대 총장인 오하시 히데이츠(大橋英五)였다.

그는 대독시킨 축사에서 아래와 같은 요지로 인사를 했다.

"릿쿄대학의 133년 역사와 전통을 만들어 온 수많은 인물 중 오늘 우리는 조선 출신의 시인 윤동주를 기념하고 역사를 새기고자 한다.

시인은 짧은 릿교 대학 생활 가운데 전쟁으로 치닫는 시대 속에서 시를 통하여 진정한 자유를 추구했지만 결국 희생이 되었다. 저는 그 희생이 자신의 시대를 고민하고, 역사의 아픔을 느꼈던 시인의 삶의 결과이고, 그 삶 자체가 릿쿄대학이 계속 소중히 간직해가야 할 역사적 정신적 재산의 하나라고 생각한다.

앞으로 과거의 역사를 돌아보는 거울로서 일본사회의 많은 분들과 더불어 오늘의 역사를 생각하는 잣대로서, 시인의 문학과 고결한 정신을 기념하는 모임이 계속해 나가기를 바란다." 고 말했다.

이에 반해 한국 측 대표인 해외한민족연구소장 이윤기 박사는 추도사에서

"평범한 인간의 죽음은 한 잎의 이슬로 사라질 뿐이지만, 역사적 인물

의 충격적 '삶'의 종말 그 자체가 역사를 창조한다. 윤동주 선생은 실로 짧은 생애였지만, 한민족사에 길이 남을 역사를 창조하였다.

청년 윤동주 시인이 자기 나라와 민족을 사랑하고 나아가 '인류 공영'과 '세계 평화'를 추구한 것은 천부적 자연권(自然權)임에도 불구하고, 그 숭고한 정신을 억압하고 자국의 이익을 위하여 남의 희생을 강요한 것은 결코 역사가 용서치 않을 것을 왜 자각하지 못하는가." 라고 일침을 놓았다.

오후 2시에 시작된 행사는 정해진 3시간을 훨씬 넘겨 5시반경에 끝났지만, 모두들 너무나 진지한 자세로 시간이 지난 줄도 몰랐다.

윤동주를 생각하며 무겁게 가라앉은 나에 비해 곁에서 식이 진행되는 동안 내내 눈물을 훔치는 여인이 궁금했다. 50대 후반의 일본여성으로 NGO 국제법률잡지를 만드는 일을 한다고 했다. 도쿄에서 활동하는 '윤동주 고향을 찾는 모임'의 회원도 아니라 의외였다.

무엇이 그토록 애달프게 했을까! 그녀에게 다음에 모임이 있을 때 연락을 해도 좋다는 허락을 받았다.

돌아오는 길에 조총련계신문인 조선 신보사 문화부 김윤순 기자에게 가장 인상에 남는 게 뭐냐고 물었더니 임헌영 선생님의 축사말씀이라 했다.

"왜 윤동주인가! 윤동주 문학의 핵심은 부끄러움이다. 이 부끄러움은 기독교적인 선악과를 따먹은 원죄의식부터 민족과 조국을 지키지 못한 역사적인 수치까지 두루 포함된다. 그는 갔지만 그가 절규한 부끄러움은 여전히 남아있다. 지금 일본에는 남한, 북한, 조선 3개의 국적을 가진 우리 동포들이 살고 있다. 여기 모인 일본인들에게 당부하고 싶다. 진정 윤동주를 사랑한다면, 윤동주의 시가 아름답다면 이 3가지 국적을 가진 우리 동포를 차별하지 말고 윤동주를 대하듯이 사랑해 달라. 그것이 윤동주의 부끄러움에서 해방되는 길이다."

그녀가 일본 땅에서 아직도 곱지 않은 시선으로 북한을 바라보는 후예의 설움을 받고 있기 때문이리라.

내가 일본에서 윤동주를 접한 건 10년 전인 1998년이다. 남편의 일로 후쿠오카에 살 때였다. 그 곳에는 "윤동주 시를 읽는 모임"이 있다.

한 달에 한 번 모여 2명의 지정된 발표자가 연구한 것을 토대로 자신의 생각과 느낌을 발표하고 각자 토론한다. 주로 대학교수, 회사원, 주부, 논설위원, 기자, 시인, 화가 등으로 윤 동주 시를 좋아하는 일본인들이고 한국인은 남편과 나, 그리고 유학생 한 사람이었다.

얼마나 진지하고 열심인지 대학원수업 같은 분위기였다.

그러다보니 모임 날짜가 다가오면 어김없이 도착되는 정중한 초대장은 매번 나를 도망칠 수 없게 만들었다. 함께 공부하는 동안 그들의 시 사랑과 시인을 기리는 정신에서 서로 소통되는 느낌과 미래를 향한 희망이 나를 그곳에 머물게 했는지도 모른다.

그들도 오늘 후쿠오카형무소 앞에서 진정으로 시인을 추모한다. 물론 시인이 다녔던 교토의 도시샤 대학의 시비 앞에서도 헌화식을 갖는다.

이처럼 일본 땅 여기저기에서 윤동주는 살아 있다. 물론 일본만이 아니다. 미국의 여러 도시에도 있고, 앞으로 캐나다, 러시아, 유럽, 호주 등 지구촌 곳곳에 윤동주의 시와 정신이 살아 숨 쉬게 되기를 소망해 본다.

오늘 이렇게 그가 잠시 머물러 조국광복의 꿈을 키웠던 전당

어쩌면 서럽고 외로워 늘 혼자였을 그에게 잠시나마 위로 받을 수 있었던 이곳에서 그의 시와 정신을 통해 역사와 민족을 초월하여 시인을 만났다.

시가 쉽게 쓰이는 것을 지독히도 부끄러워했던 시인! 언제나 역사와 자신을 시 속에서 늘 뒤돌아보며 반추했던 그가 우뚝 서 있었다.

죽는 날까지 하늘을 우러러
한 점 부끄럼이 없기를
잎 새에 이는 바람에도
나는 괴로워했다.
별을 노래하는 마음으로
모든 죽어 가는 것을 사랑해야지.
그리고 나한테 주어진 길을 걸어가야겠다.
오늘 밤에도
별이 바람에 스치운다.

그의 시가 새삼 절절히 다가오는 날이었다.

신경숙(申京淑)과 츠시마유코(津島佑子) 공개 대담

-오차노미즈여자대학에서-

主題	창작과 표현 (書くこと · 語ること)
日時	2007年7月27日(金)　17 : 00～18 : 00
場所	오차노미즈여자대학(お茶の水女子大學)
內容	일본을 대표하는 여성작가 츠시마유코와 한국을 대표하는 작가 신경숙을 초대. 두 사람의 공저 『산이 있는 집, 우물이 있는 집/ 도쿄 서울 왕복서간』의 출판기념 이벤트
主催	오차노미즈여자대학
共催	슈에샤(集英社)

지난 금요일 소설가 신경숙이 도쿄에 왔다. 『에세이플러스(현 한국산문)』 7월호를 통해 근황을 알게 되어 더 반가웠다. 그런데 이렇게 빨리 만나게 될 줄이야….

일본을 대표하는 여성작가 츠시마유코와의 대담을 위해서였다. 두 사람의 공저 『산이 있는 집, 우물이 있는 집/ 도쿄 서울 왕복서간』의 출판기념 이벤트로 출판사(集英社)와 오차노미즈여자대학(お茶の水女子大學)의 공동주최였다.

우리에겐 잘 알려지지 않았지만 일본인들에게는 매우 친숙한 소설가 츠시마유코와의 이야기가 무척 궁금하여 나는 좀 일찍 도착하여 맨 앞자리에 앉았다. 학교는 아담하고 나무가 제법 우거져 국립여대답게 정겨웠다.

이 책이 나오게 된 건 2005년 신경숙의 『외딴 방』이 일본어로 출간되어 출판사 초청으로 도쿄에 왔을 때 일본작가와 글을 써보고 싶다고 한 것이 계기가 되었다. 처음에는 편지 글이었는데, 츠시마씨가 서울에 다녀온 후 서간문형식으로 하면 어떠냐고 하여 바뀌었다. 2006년 1월~12월까지 총 12회의 편지가 오고 간 것을 한국은 『현대문학』과 일본은 『스바루』를 통해 연재된 것을 묶은 것이다.

◆ 다음은 대담을 요약한 것이다.

츠 : 글을 쓰게 된 동기는 '일한문학심포지엄'을 통해 10년간의 교제와 신뢰가 있었기에 마음이 맞을 것 같은 기대가 있어 가능했다. 그러나 한일 양국의 독자가 읽게 되어 말이 움직이는 형태라 처음에는 망설임도 있었다.

신 : 처음엔 "무엇을 쓸까?"를 정하지 않아 우리들도 잘 몰랐다. 1년 12회가 쌓이자 서간문으로 쓰길 잘 했다고 생각한다.

편지를 교환하는 동안 기적 같은 일도 많았는데 같은 이야기를 하기도 했고 공감을 확인한 적도 많았다. 한국어를 쓰면서 이렇게 자유롭게 써 본 게 처음인데 그건 서울이 아니고 도쿄라 가능했다. 예를 들면 여성, 가족, 한국사회와 일본사회, 그때그때 발생하는 국가적인 문제를 이야기했다.

츠시마 선생의 편지는 한국독자를 향한 것이기도 했고 동시에 일본 독자를 위한 것이기도 했다. 아직 하고 싶은 편지도 있고 또 쓰고 있는 느낌도 있다. 서간을 쓰면서 글을 쓰는 것에 대한 행복, 충족감이 있었다.

츠 : 창작을 하는 현장에는 질투도 있고, 비평을 받을 때는 "왜 이래야 되나!" 할 때도 있었다. 창작은 고독 속에 있다. 작품을 쓰는 중에는 많이 고독하다. 그것이 우리들의 일상이다. 현실이 섞이지 않는 소설 속에 해방감이 있었지 않았나 한다.

오히려 서로 같은 나라 사람이 아니어서 어쩌면 더 순수함, 해방감을 느낄 수 있었다. 그래서 더욱 순수한 글을 쓸 수 있는 계기도 되었고 격려 받은 느낌, 든든한 느낌도 든다. 역시 소설을 쓰길 잘 했다고 생각했다. 뭐랄까! 불가사의한 기쁨, 즐거움으로 이어졌다고 생각한다.(웃음~) (웃은 후) 신작가에게 질문했다. "나는 고독한데 신상은 고독 하지 않나요?"

신 : (조용히 웃더니) "저도 고독하지요! 아무도 도와주지 않으니까요. 나 혼자 해결해야 되고… 자기가 납득 되지 않는 비판까지 받았을 때는 더욱 고독하지요. 그건 글 쓰는 사람의 운명이지요.

그러나 지난 1년간은 고독하지 않고 또 다른 세계를 이해하고 공감하는 시간이었다. 더구나 내 글을 보내면서 독자가 되는 그 경계가 멋진 시간이었다. 물론 답장이 있는 편지였지만. 그렇다고 보내주는 편지가 즐거운 느낌만 있었던 건 아니다. 특히 가족이야기를 해 주었을 때 그걸 읽고 또 읽고 그러다 새벽까지 멍한 적도 있었다.

츠시마 선생님은 이번 글에서 문장이 많이 달라졌다는 평을 들으셨다는데 어떻게 달라지셨는지요?

츠 : 나 자신도 의식은 하지 못했다. 사실 한국문화도 잘 몰랐고….

한밤중에 나도 모르게 누군가와 이야기를 하고 있는 듯한 느낌이랄까!

예를 들면 신상이 편지에 "아버지에 대한 이야기를 들려주세요!" 그러면 나도 "신상의 아버지 이야기도 들려주세요!" 한다던가, 그래서 엄마 이야기도 서로 하게 되었다.

신 : 처음에는 국경, 환경 등으로 망설임도 있었지만 서간이 오가는 동안 편지라기보다 그냥 이야기를 하고 있는 듯한 느낌이 들었다.

츠 : 이게 15,6년 전이라면 서로 '다름'이 훨씬 더 강조되었을지도 모른다. 그러나 오히려 '지금'이어서 편하게 쓸 수 있었다.

신 : 서간을 쓰는 동안 '이해와 공감'이 확인되는 과정이었다.

어떤 문제에 부딪혔을 때 "츠시마 선생님은 어떻게 생각할까?" 그러다 또 답장을 받으면 정리되는 느낌이 들기도 하고, 그러한 과정 속에서 친밀감이 존경심으로 바뀌었다. 그것은 츠시마 선생님의 작가 정신이었다. 어떤 것에 대한 직시, 냉정히 바라보는 시각이었고 약자, 소수에 대한 애정을 피력할 때다. 우리시대에는 그런 의식이 약했었는데 그런 것을 다시 생각하게 되었고 배웠다.

저의 최근 작품인 『리진』에 대해 말씀을 하시니 츠시마 선생님의 창작활동에 대해서도 말씀해 주세요!

츠 : (웃으며) '타이완 식민지시대'에 대한 이야기를 쓸 생각이다.

모두들 1945년 패전이 되자 점령지에서 돌아올 때의 이야기는 하지만 그 전의 이야기를 해야 된다고 생각한다.

대담이 끝나고 질의응답시간에 어느 유학생의 질문이 있었다.

1. "글을 쓸 때 장애가 되는 것은 무엇인가!" 에 대한 답변이다.

츠 : 쓰는 것과 사는 것이 같아서 어려움이 있지만 오히려 원동력이 되기도 하여 장애가 되는 것이 아니고, 결정적 장애는 내 작품이 멋지다! 고 생각하면 끝이라는 것이다.

또 일본에서는 말하기 어려운 것 즉 "이걸 말하면 곤란할 텐데!" 라고 할 때다.

신 : 글을 쓸 때 가장 방해받는 게 뭘까? 그건 나 자신 같다.

소설을 시작할 때 '작품진입'을 굉장히 늦추는 나를 본다. 어떻게든 좀 늦춰보려고 집안일을 있는 대로 다 하고 그리고 마지막으로 문이 잘 잠겼나 까지 확인하고 나서 더 이상 할일도 없어 결국은 책상을 향 해 앉는다.(관객들 웃음!)

지금 생각해 보면 세상이 생각대로 된다면 글을 쓰는 것이 진전되지 않았을 것 같다.

◆ 참석 후 소감

회장에는 특히 젊은 여대생들을 비롯하여 중년의 남성과 여성들의 열기로 뜨거웠다.

설레는 마음으로 대학에 도착하니 나보다 먼저 온 일본인 지인이 있어 그녀의 열정이 전해졌다. 그녀도 신경숙의 팬이다. 나 또한 신경숙의 작품세계를 좋아하기도 하고 동향(同鄕)이기도 하여 언젠가 글 속에 그려진 풍경을 손에 쥐듯 접한 적도 있어 친근감은 더욱 컸다. 『리진』을 서평만 보고 아직 읽지 못했지만 대단하다는 생각을 했다. 『산이 있는 집, 우물이 있는 집/ 도쿄 서울 왕복서간』(일어판)에 사인을 받아 읽는 중이다.

츠시마유코(津島佑子)는 1947년 도쿄에서 태어나 시라유리(白百合)여대 영문과를 졸업했다. 1969년 등단했으며, 저서로 『생물이 모이는 집』,『풀의 침상』, 『총아』, 『빛의 영역』 등이 있으며, 미국과 프랑스, 영국 등에 다수의 작품이 번역되어 있다. '다무라도시코문학상', '이즈미쿄카상', '여류문학상', '노마문예신인상', '가와바타야스나리문학상' 등을 수상했으며, 한국에 번역된 책으로는 소설집 『나』가 있다. 다자이오사무의 딸이다.

다자이오사무(太宰 治,1909~1948) : 패전 후의 허무적인 몰락 의식과 결부되어 사양족이라는 유행어를 낳으며 단숨에 베스트셀러가 된 작품『사양(斜陽』(1947)과『비용의 아내』(1947)는 전후 문학의 대표작이다. 그밖에『인간실격』(1948) 등의 명작이 있고, 자살했다.

나는 대담에 참석하기 전 츠시마 유코라는 작가보다 솔직히 다자이오사무의 딸이라는 점에 더 관심이 있었던 것도 부인할 수 없었다. 그러나 그것은 막연한 내 상상에 불과했고 돌아오는 내 마음은 잔잔한 감동이었다.

신경숙의 본문「침묵의 언어들」중에서

"난 1년간의 서신교환은 츠시마 선생과 나 사이의 편지 교환이 아니라 한국과 일본의 편지교환이 되었다고 생각한다. 일본이라는 울타리에 갇히지 않는 츠시마 선생의 역사관과 소수에 대한 연민과 사랑, 어떤 것도 객관화 시켜 바라보고자 하는 문학인으로서의 자세에 존경심을 갖게 되었다. 너무나 솔직하게 가족 이야기를 써주셨을 때 이른 새벽에 그의 편지를 몇 번이고 되읽으며 눈시울을 적셨다."

고 기억했다. 나 자신 또한 그 느낌이 더도 덜도 아니고 생생하게 전해져 확인되는 시간이었다.

신경숙은 우리에게 이름만큼이나 친숙하다. 동시에 같은 작가를 바라보고 배우는 그 자세에서 작가로서 한 인간으로서 품이 넓고 깊음을 새삼 확인하는 시간이기도 했다.

세타가야문학관 한국문화행사를 다녀와서

안녕하십니까! 도쿄의 김하영입니다.

시간은 잘도 흘러갑니다. 서울은 지금쯤 넝쿨장미가 한창일 텐데 집 근처를 걷다보면 좁은 공간에서도 여기저기 수국이 흐드러지게 피어 제가 일본에 있음을 실감할 때가 있습니다.

문화행사가 있어 다녀왔습니다. 도쿄의 세타가야문학관(世田谷文學館)에서 6월 9일(토)~24일(일)에 제3회인 2007년도 韓國文化週間으로 다양한 문화체험과 여러 행사들이 실시됩니다. (주한 한국문화원/한국문학관협회 공최)

◆ 행사 EVENT

1. 한국 시인들을 초청하여 자작시 낭독회 개최

(시인 성춘복, 전옥주, 우희정, 이희자, 최금녀, 이길원)

2. 피리, 가야금 등 한국전통악기 콘서트.
3. 한국서예가(이주형)의 퍼포먼스.
4. 김기영의 한국 민화 소개.
5. 한국영화상영회(시대극특집 「집념」 외 1편)
6. T셔츠에 '한글디자인' 해보기 체험.
7. 한국전통악기 소해금 콘서트.
8. 치마, 저고리 입어보기

세타가야문학관은 서울 강남구에 해당하는 세타가야구(世田谷區)의 구립문학관이다. 거리에는 가로수가 울창하게 우거져 안정되고 한적한 곳에 자리하고 있었는데, 바로 옆에 길이가 제법 긴 골프연습장이 있는 게 옥에 티였다. 입구에는 작은 연못도 있어 내 팔뚝만한 잉어들이 한가롭게 놀다가라고 손짓하였다. 2층 상설전시실에는 세타가야지역과 연고가 있는 작가들이 전시되어 있다.

내가 인사동에서 만났던 노벨문학상수상자인 오에 겐자브로(大江健三郎)도 이곳에 살고 있으며, 일본인들이 자랑하는 세계적 영화감독 구로사와 아키라(黑澤 明;1910~1998)도 만날 수 있었다.

한국과는 2005년 '한일우정의 해'에 세타가야문학관 10주년 기념으로 한국문화주간을 기획하면서부터 2006년에 이어 3번째다. 이런 행사에 알게 모르게 공헌을 한 사람이 있다. 그녀는 도쿄에 거주하는 왕수영 시인으로 한국문인협회에서 주관하는 2007년 16회 해외한국문학상 (시집 『마음은 달보다 먼저 조국으로 간다』)수상자이기도 하다

◆ 취재후기

내가 다녀온 것은 10일 오후2시부터 시작되는 시낭송회다. 한복을 곱게 차려 입은 한국 시인들이 자작시를 낭송하면 기모노를 입은 일본인들이 그 시를 일본어로 낭송하는 날이다. 교회예배가 끝나고 점심을 먹는 둥 마는 둥 지하철을 바꿔 타고 허겁지겁 달렸지만 행사는 막 시작되었다. 150석이 꽉 차 있어 겨우 뒤쪽에 자리를 구해 앉아 한숨 돌린 후 홍난파의 '고향의 봄'을 다 같이 부른 후 살짝 일어나 『한국산문』의 사명감으로 사진을 찍는데 담당학예원이 다가와 취재냐고 물어 잠시 당황했다. 그렇다고 대답하자 명함을 요구했다. 도쿄통신원 명함과 노란취재완장을 교환하여 조금은 당당하게 몇 컷을 더 찍고 내 글이 실린 『에세이플러스』(현 『한국산문』) 6월호를 주니 사전을 찾아 읽어 보겠다며 고마워했다.

세상은 좁아 예전에 잠깐 내게 시(詩)를 가르쳐 주신 이희자 시인을 그곳에서 만날 줄이야! 절대 죄를 짓고 살면 안 된다는 생각을 했다.

뜨거운 포옹을 하고, 행사가 끝난 후 관계자실에 들러 인사드리고 성춘복시인을 비롯해 세타가야문학 관장님과도 명함 교환을 했다. 엄청나게 친절해진 담당 학예원(나카가키 사토코 中垣理子)은 직업정신이 투철하여

취재한 것을 꼭 보여 달라기에 그러겠노라 대답했다.

3년째 행사를 지켜본 그녀는 "처음에는 영화, 드라마를 통해 한국을 접하게 되던 것이 해를 거듭할수록 왜 좀 더 일찍 한국문화를 공부하지 않았을까! 아쉬워하는 모습들이다.

그리고 점차 문화의 배경을 알게 되면서 더욱 관심과 흥미를 느끼고 더 배우고 싶어 하는 열기가 뜨거워지면서 시낭송에도 참가하게 되는 것 같다. 실제 시낭송을 들어보고 시를 읽고 느끼게 되는 교류가 깊어져 가는 걸 느낀다"고 했다.

시낭송 후 세타가야문학관에는 많은 엽서들을 보내왔는데 그 중에는 "한글을 공부하고 훌륭한 언어인 한국의 시를 감정을 담아 어떻게 낭송하는 지를 보고 싶었는데 그 느낌이 잘 전달되는 것 같았다.", "한국 시인들이 실제로 시를 낭독하는 것을 듣고 시어의 아름다움과 훌륭함을 접할 수 있는 좋은 기회에 감사한다." 등등 많은 감상들을 보내 왔다고 한다.

이런 행사들이 한국과 일본 양국 국민의 마음과 마음을 이어 미래로 이어가는 지평선이 되기를, 그리하여 평화로운 지구촌이 되어가기를 간절히 소망해 본다.

4

필자가 선정하고 번역한 일본수필

내게 있어 여행지에서 아침에 본 것, 그건 정말 특별한 것이다. 똑같이 혼자서 걷고 있어도 낮이나 밤보다는 아침에 혼자 걷는 횟수가 더 많기 때문이 아닐까 생각된다. 아침은 사물의 윤곽을 가차 없이 뚜렷하게 만든다. 그러기에 낯선 곳을 걷는다면 단연 혼자인 것이 좋다.

바나나의 비밀

나는 종종 내 이름에 대한 질문을 받곤 한다. 당연하다고 생각한다.

그래서 나는 적절하고 사실이기도 한 "바나나 꽃이 좋으니까요." 라고 대답한다.

바나나 꽃을 처음 만나게 된 것은 '푸―코'에서 웨이트리스로 일할때였다. 매주 홀 중앙에 있는 큰 테이블 위에는 환상적인 많은 꽃들이 장식되어 있었는데, 그 당시 꽃을 단골로 주문하던 아오야마(青山)의 꽃집에서 배달되곤 했었다.

눈코 뜰 새 없이 바쁜 식당이었다면 꽃 같은 걸 넋 놓고 바라보진 못했을 것이다. 하지만 그 식당은 정반대였기 때문에 웨이트리스가 매일 몇 시간이고 테이블 위의 꽃을 바라보고 있기만 하면 되었다.

그러던 어느 날, 바나나가 찾아왔다.

아무튼 엄청나게 큰 꽃이었다. 꽃이라고 하기보다는 오브제였다.

'Little Shop of Horrors' 라든지, 내가 제일 좋아하는 그림책의 명작인 '가브리엘리자'에 나오는 꽃들과 꼭 닮았다. 바나나 꽃은 그곳에 놓여 있던 커다란 꽃병에 그야말로 다이나믹하게 한 송이가 꽂혀 있었다. 한 번 보고, 그 후로 며칠 동안을 바라보고 있다 보니 난 그만 사랑에 빠져버렸다. 저렇게 크고 이상한 것도 이 세상에 존재하고 있다는 것만으로도 기뻤다.

잎도 굵직하고 줄기도 멋져 보였다.

자꾸만 내가 좋다, 좋다 했더니 식당 주인이 어느 날 밤, 장식이 끝난 바나나 꽃을 내 손에 쥐어주었다. 이렇게 말하니 간단해 보일지 모르지만, 길이가 1미터 정도에 상당히 묵직했다. 게다가 난 집으로 바로 가지 않고, 약속이 있던 술집에 들렀더니 그곳에 있던 사람들이 "저건 뭐야" "이게 뭐지!" 라는 바람에 여간 곤란한 게 아니었다. 찬바람이 이는 한겨울이었기에, 따뜻한 곳에서 건너온

식물이 이렇게 추운 일본에서 죽어가는 것이 나는 너무나도 불쌍했다.

지금 우리 집 화분에 있는 바나나는 초등학교 동창인 절친한 친구들이 수상 기념으로 사다 준 것이다. 꽃은 피어있지 않지만, '헉' 소리가 날 정도로 무척 크다.

대표인 하마카와(浜川)가 "다 같이 바나나를 사주자."는 말에

"우와, 너무 좋아" 라며 솔직하게 좋아하는 나에게 "절대로 후회하지 않을 거지?" 라고 다시 묻기에 얼른 대답을 못하긴 했는데 나중에 보니 정말 후회될 정도로 큰 화분이었다. 지금은 어느 정도 잎을 따내 버렸지만, 처음에 비좁은 내방이 바나나로 가득 차고 말았다.

그런데 그 거대한 화분을 집까지 실어다 준 친구가 얼마 전에 하늘나라로 가버렸다. 내 수상 축하를 다 같이 해준 뒤에 너무나도 무거운 화분 때문에 빗속을 5, 6명이 집까지 옮겨다 주면서도 "괜찮아, 괜찮아."를 연발하며 열심히 옮겨준 그 친구가 죽었다는 소식을 듣고는 "그래! 그게 마지막이었네."라는 생각에 왠지 나와 깊은 인연이 있는 것만 같다.

집에 있는 바나나를 소중하게 잘 키워야만 될 것 같은 느낌이랄까. 하지만 바나나가 일본에서 잘 자랄 수 있을까(?) 생각하던 나는 어느 날 어마어마한 바나나를 보았다.

친구들이 다같이 "가마쿠라(鎌倉)에 수국 보러가자."고 하기에, 어느 휴일 '하세(長谷)'라는 곳에 놀러 갔다. 거기에는 우연히 어느 출판사의 나이스미들 나카니시(Nicemiddle 中西)씨가 살고 계시기에 아름다운 부인

과 아이들, 그리고 바다가 보이는 베란다에 감동받아 "바다도 수국도 너무 멋져요."라고 했더니, 근처 유명한 절에 데려가 주셨다.

수국이 아주 많이 있었다. 그것도 형형색색으로 흐드러지게 활짝 피어 있었다. 하지만 고개를 들어보니 절벽 중간에 키가 3미터, 꽃 크기는 양 손바닥 정도 되어 보이는 '야생 바나나'가 바닷바람에 흔들거리고 있었다.

엄청난 광경이었다. 모두들 자기도 모르게 올려다보며,

"바나나다.", " 바나나네요."라고 입을 모아 말했다.

나는 조금 전에 본 수국보다 바나나에 감격하여 "역시 바나나로 이름 짓길 잘 한 거야."

바나나의 비밀에 대해서

그 후, 집에 있던 바나나에서 가지를 잘라 작은 화분에 옮겨 심었지만, 순식간에 강아지가 갉아먹어 없어져버려 깜짝 놀랐다. 역시 크게 자라기 힘든 일본의 실내 바나나는 강아지에게 조차 질 수 밖에 없나보다.

바나나의 꽃을 볼 수 있는 기회가 좀처럼 없지만, 어쩌다 볼 때면,

"또 만났네!" 라며 입가에 절로 미소가 번진다.

작가소개 | 요시모토 바나나

· 일본 대학교 예술학부 문예학과를 졸업(1964년). 수상 : 『달빛 그림자』로 예술학부장상, 1989년 『쓰구미』로 제2회 야마모토 슈고로상(山本周五郎賞), 『물거품/상크추어리』로 게이쥬츠센쇼(藝術選奬) 신인상, 『키친』을 필두로 여러 작품이 해외 30개국에서 번역, 출판 중이다.

도덴(都電)의 향기

오랜만에 세 정거장만 도덴(都電)*을 타보았다. 가깝게 지내는 후루혼야(古本屋)라는 책방 주인으로부터 부탁한 절판(絶版)된 쿠슈(句集)*가 들어왔다는 연락이 있어 와세다(早稻田)대학 근처에 있는 책방에 책을 받으러 갔다가 돌아오는 길이었다.

바람은 아직 차지만 햇살이 환한 정오를 조금 지난 시간이었다.

전에 도덴(都電)을 타본 게 언제였더라. 가까이를 지날 때마다 타봐야지 하곤 생각하면서도 도덴은 급한 볼일에는 어울리지 않아. 좀 더 여유가 있을 때 타야지하며 맛있는 과자를 먹지 않고 남겨두듯 미뤄왔다.

차창으로 쏟아지는 벌꿀색의 햇살에 눈을 가늘게 뜨고 전차 진동에 몸을 맡기고 있으니 도덴을 자주 이용했던 어린 시절의 일상들이 주마

등처럼 떠오른다.

아마도 일곱 여덟 살 무렵이었다.

야채가게 앞에 흙 묻은 죽순이 줄줄이 늘어설 무렵, 그리고 파란 귤이 출하되기 시작할 즈음과 봄가을 초에 무슨 연유인지는 모르지만 물건을 공짜로 받을 수가 있었다. 그리고 도덴으로 두 정거장정도 떨어진 안과에 다녔다.

빨간 비닐지갑에서 회수권을 꺼내 도덴을 탈 때마다 조금 어른이 된 느낌으로 왠지 가슴이 뿌듯했던 기억이 있다.

안과에는 방과 후에 갔으니까 돌아올 때는 저녁때 러시아워 시간과 겹치게 되었다.

비 오는 날이면 차례로 차 안으로 들어오는 사람들의 레인코트에서 나는 비 냄새와 나프탈렌 냄새로 안대를 하지 않은 쪽 눈에서 눈물이 나와 곤란했다. 비에도 냄새가 있다는 사실을 안 것이 아마 그 무렵이었으리라.

그밖에도 금방 튀긴 크로켓과 생선카츠, 약간 맵고 달콤하게 졸인 미트볼 등 반찬 냄새도 좁은 차내에 퍼져 있었다.

그때부터 30년이 지난 지금, 정오를 지난 시각의 차내에는 여덟 사람밖에 승객이 없다.

건너편 좌석 엇비스듬하게 동행인 듯한 두 부인은 아마도 70대 전반쯤 되어 보였다. 그런데 어딘가에 꽃시장이라도 열렸는지 각자 무릎 위에 서향(瑞香)나무 묘목과 분재용 앵초를 두고 있다. 둘 다 앞치마만 벗어둔 채 잠깐 나온 듯한 편한 차림이다.

그 옆은 청바지의 소년으로 손에 든 종이봉투에 입시학원의 이름이 있었다. 긴 팔다리를 주체하기 힘 드는 듯 고양이처럼 등을 조금 구부정하게 앉아서 전부터 졸고 있다. 코 밑으로 한 가닥 가느다랗게 삐죽이 난 털이 그가 잠자며 내쉬는 숨에 따라 사정없이 흔들린다.

"댁은 정원이 있어 좋겠네요."

분재 쪽 여성이 동행한 이의 무릎에 놓인 앵초에 얼굴을 대고 향기를 맡으며 문득 한숨을 쉬었다.

"역시 흙이 없는 생활은 적적해서… 아버지와도 자주 그런 이야기를 하곤 해요."

아파트 생활을 하고 있나보다.

"그렇긴 해도 정원이 있으면 있는 대로 여러 가지 손 볼일이 많기도 하고. 아버지는 늘 그렇게 말하곤 하지요. 우리들 중 한 사람이 먼저 가게 되면 집을 정리할 수밖에 없지… 라며. 제가 이렇게 묘목을 사가지고 가면 그 나무가 크게 될 때는 집도 정원도 다른 사람에게 넘겨져 있을 걸 하며 아버지는 웃지만요. 그걸 생각하면 좀 쓸쓸해져요."

이번엔 앵초 쪽 여성이 한숨을 쉰다.

아마도 둘 다 아이들은 이미 독립하고 아버지라 부르는 남편과 둘만의 생활인 듯하다.

한 단락 끝나고 남편의 건강을 걱정하는 이야기가 계속된다.

“앞날을 생각해도 어쩔 수가 없네요.”

“정말 그래요. 다 쓸데없는 얘기라고들 하지만.”

그렇게 말하며 두 사람은 차에서 내렸다. 두 사람이 내린 후에도 앵초의 옅은 향기가 잠시 차내에 남아 있었다.

다음 역에서 졸던 소년이 내렸다. 소년이 내 앞을 지날 때 역시 엷기는 하지만 케첩과 겨자냄새가 났다. 점심은 서서 햄버거로 때운 것인지 모르겠다.

앵초 향기와 케첩 냄새와 …

도덴(都電)의 차내에는 예나 지금이나 여러 삶의 향기가 녹아 있다.

| **작가소개** | 오치아이 케이코(落合 恵子)

· 1945년 출생. 메이지대학 영미문학과 졸업. 작가, 문화방송, 아나운서, 어린이 책 전문점 크레용하우스 발행인, 소설집 : 『가만히 안녕』, 『사랑하지만 그래도 혼자』, 『여자가 이별을 고할 때』, 『러브 송』 등이 있고, 에세이집에 『스푼에 가득 찬 행복』『여자와 남자의 아기보기』, 『자기를 사는 여자의 책』 외에 미스터리 물과 그림책, 아동도서 등이 있다

*도덴(都電) : 도쿄都교통국이 운영하는 궤도(軌道)노면(路面) 電車로 현재 유일하게 남은 아라카와(荒川)선은 미노와하시(三ノ輪橋)역과 와세다(早稲田)역을 운행하고 있다.

*쿠슈(句集) : 하이쿠(俳句)라는 5, 7, 5 글 수(數)의 일본 단가(短歌)와 렌쿠(連句)라는 5, 7, 5, 7, 7자의 장가(長歌)를 묶은 시조집

신·선·가령 일기(新·鮮·加齡 日記)

소토보(外房)해변에 살고 있는 S씨는 흰색과 엷은 보라색의 스톡꽃(비단향꽃무)을 커다란 상자 가득히 보내왔다. 초등학교 교사를 정년퇴직한 다음해 봄, 그녀는 우리들에게 이렇게 선언했다.

"매년, 지금쯤, 신입생을 맞이할 준비로 동동거리고 있을 계절이지만 올해는 내가 신입생이 되기로 했어요."

그렇게 사십 수년을 살던 도쿄도내(都內)의 집을 처분하고, 어릴 적부터 선망하던 사방으로 바다가 보이는 그곳을 찾아 그녀는 우리 곁을 떠나갔다.

소토보의 거친 파도가 바위에 부서지고 흩어져 사라지는 그 바닷가는 S씨가 어릴 적 여름이 되면 할아버지, 할머니와 부모님을 따라 놀러 갔던 곳이기도 하고, 전쟁에 나가 영영 돌아오지 못한 오빠들이 수영을 가

르쳐 준 바다이기도 하다.

또 우연하게도 훗날 그녀의 남편이 될 사람이 태어난 고향이기도 하다. 미술교사를 하며 그림을 계속 그리다 40대에 저세상으로 떠난 남편이 스스로 택하여 마지막 몇 개월을 보냈던 추억이 담긴 곳이기도 하다.

그녀는 바닷가 읍내에서 자그마한 밭을 일궈 사계절의 꽃을 피우고, 순간에 표정을 바꾸는 그 바다를 예전에 남편이 그랬던 것처럼 열심히 스케치도 하고….

동네 이웃들과도 적당히 거리를 두며 부드럽게 교제를 나누고, 밤이 되면 학창시절 테마였던 메이지(明治)시대 여인들의 평전에 몰두하며 보내고 있다.

"유년 시절의 추억이 담긴 곳으로 이사했다고, 난 과거를 살고 있는 건 아니랍니다. … 뒤돌아보면, 아~ 그렇게 하고 싶었고, 이렇게 했어야 했다며 후회와 반성이 내 마음을 돌멩이로 후려치는 날도 있었지만…. 그런 것까지도 내가 나로 살아온 증거니까. 난 부정은 하지 않아요. 슬픔과 상실을 잊어버리고 싶다는 생각도 하지 않아요. 그래도 내가 살고 있음은, 바로 나의 '지금'이 있으니까요"

이사한 직후 받은 편지에는 그렇게 쓰여 있었다.

"…어제는 지나가 버렸고, 내일은 아직 오지 않았으니 나 자신에게 있어 분명한 것은, 내가 '지금'이라는 현재에 있다는 것이지요. 오직 존재하는 건 '지금' 밖에 없으니까요. 바로 '지금 이때를' 놓치고 싶지 않아요."라고.

비가 오는 날은 아~ 감사하다, 오늘은 온종일 책을 읽을 수 있어 감사하다.

맑은 날은 아~ 좋다, 오늘은 하루 내내 밖에서 놀 수 있다며 심어 놓은 채소들과 만나고, 꽃들과 마주보며 바닷가를 걷는다.

"허리가 아프다, 어깨가 결린다, 예전만큼 빨리 책을 읽을 수 없게 되었다…며 탄식하기보다, 그렇구나, 이렇게 사람은 나이를 먹고 변해가는 것이라고 자기를 바라보며, 그런 변화마저도 있는 그대로 즐기는 내가 있기도 하더라."고 S씨는 그렇게 말한다.

방 2개에 거실, 부엌이 있는 구조인데 방 하나는 이웃들에게 개방.

오랫동안 모아온 그림책과 동화를 보기위해 모여드는 어린아이들. 아이를 키우며 느끼는 불안과 의문을 안고 찾아오는 젊은 엄마들. 얻어온 것을 한보따리씩 손에 들고 "잠깐 내 푸념 좀 들어줘요" 라며 찾아오는 같은 세대의 여성들. 그런 손님들로 "한 평 남짓한 방은 꽉 차는 날도 있답니다." 그녀는 상쾌하게 웃는다.

여기에 와서 사람들과의 관계를 어떻게 하며 살아야 하는지 다시 한 번 새롭게 배우고 있는 중이란다.

"아침에 눈을 뜨는 순간, 나는 여러 나이가 되기도 한다. 처음 바다를 보았던 다섯 살적 내가 되기도 하고. 그런 아침은 다섯 살로 시작해서 점심이 지나면 스무 살이 되고 오후에는 사십이 되고, 밤에 잠들기 전에야 칠십 둘이라는 지금의 나이로 겨우 돌아온다. 그리고 내일 아침은 또 …"

수화기 너머로 S씨는 웃고 있다.

상쾌한 그녀의 웃는 얼굴이 커다란 항아리에 크게 손대지 않고 있는 그대로 자연스레 꽂아놓은 스톡꽃 향 너머로 선명하게 떠오르는 순간…. 나이 든다는 것(加齡)의 참다운 즐거움이 무엇인지 나를 뒤돌아보게 한다.

캐나다의 사회운동가인 리어 로바크 여사는 이렇게 말했다.

"내 주름은 나 자신이 성장한 증거입니다. 내 눈가에 각인된 이 주름은 지나간 날들의 웃음이 새겨준 것입니다. 내 이마의 주름은 내 자신의 머리로 생각하고 살아온 증거입니다. 그리고 내 입 주위에 생긴 주름은 '남에게 지지 않을 거야' 라며 어금니를 악물었을 때 생긴 것입니다."

그래서 자신이 살아왔던 증거인 주름들을 펴서 팽팽한 피부의 젊은 시절로 돌아가고 싶지는 않다고 했다.

우연히 책 속에 인용되어 있던 '가령'에 대한 이 글을 팩스로 보냈더니 S씨는 애용하는 책상 앞에 그것을 붙였다고 한다.

"그래, 주름도 백발도 내가 살아온 증거. 언제까지나 젊어지지 않으면 안 된다고?

나는 오히려 그렇게 아등바등 하는 것이 낡고 고리타분하다는 생각이 들어요. 그렇다고 억지로 나이에 맞게 의식하는 것도 부자유스럽고 ….

나이 들어가는 것을 그저 자연스럽게 마주하고 싶어요. 그것을 받아들일 수 있을 때 우리는 연령(年齡)이라는 새장에서 해방될지도 모르겠어요. 그래서 내게 있어 '지금'이 바로 그 때인 겁니다."

S씨가 살고 있는 바닷가엔 지금 여기저기 봄꽃들이 지천으로 피었다고 한다.

"꽃은 본래 누군가에게 보이기 위해 피어 있는 게 아니잖아요. 자신을 위해 계절을 잊지 않고 꽃을 피우는 것이니까요."

그렇게 말하는 그녀의 '새로운 가족'은 바닷가에 버려져 있던 작은 개 세 마리와 이른 봄 정원에 찾아오는 개구리 가족과 정원 구석에 있는 창고를 어느새 자신들의 집으로 정한 들고양이 일가족과….

"해마다 새로운 가족이 늘어 여행을 못 가게 되어 버렸어요, 그것들을 두고는" 라며 그녀는 깔깔대며 웃음을 멈추지 못한다.

"이곳에 온 후로는 매일 여행을 하고 있는 것 같아요. 날마다 뭔가 하나 둘 새로운 발견이 있으니까요. 나 자신 외에도, 그렇게 자신의 내면에도 말이죠."

S씨는 칠십대의 '지금'이야말로 내 인생에 있어 진정한 시작처럼 느껴진다고 말한다. (베스트에세이집 『어머니의 캬라멜/「문예춘추」2001』) 중에서

*소토보(外房): 치바현 남부, 보소반도남단에서 태평양에 면한 일대.

| **작가소개** | 오치아이 케이코(落合 恵子)

홋카이도와 나

홋카이도(北海道)는 벌써 네다섯 차례 다녀왔다. 대부분 개인적인 여행이라기보다 강연여행이었다. 그러기에 여유롭게 여행을 즐겼다기보다 주최 측의 스케줄에 따라 이리저리 옮겨 다니게 된다. 그렇기는 해도 기차를 타고 도쿄 근교에서는 볼 수 없는 넓은 평야와 파도치는 바다를 보며 북쪽 땅 끝까지 갈 수 있게 되었을 때는 기뻤다.

북쪽 끝 소도시에서 강연을 끝냈을 땐 이미 거리의 가게들도 모두 문을 닫고 넓은 도로엔 사람 그림자 하나 보이지 않고, 숙소로 돌아와 유리창을 흔드는 바람소리에 귀를 기울인 적이 있다. 겨울이면 바다도 얼어버린다는 그런 도시에서 강연을 끝내고 밖으로 나오려는 때였다. 갈 길을 서두르는 남녀 청중 속에서 젊은 여인이 "선생님! 저~ 기억하고 계세요?" 라며 말을 건넨다.

오래전 유학에서 돌아왔을 즈음, 교편을 잡은 적이 있었는데 그 무렵 가르쳤던 여학생 한 사람이 문득 기억 속에 떠올랐다. "결혼해서 지금 이곳에 살고 있어요." "집에 아이를 두고 와서요." 라며 내게 과일이 들어 있는 종이가방을 주고 그녀는 빠른 걸음으로 귀가를 서둘렀다. 두 번 다시 만날 수 없을 것 같던 옛 제자를 홋카이도의 북쪽 소도시에서 해후(邂逅)하고보니 뭔가 인생이라는 것을 다시 한 번 생각해 보게 되었다.

재작년 나는 문득 설날을 홋카이도에서 보내려고 마음먹었다. 언제나 강연여행으로만 방문했던 삿포로(札幌)에서 아무것에도 얽매이지 않고 자유롭게 설을 느껴보고 싶어졌다.

도쿄에서 온 내가 가장 깜짝 놀란 것은, 늦은 밤 호텔에서 나와 거리를 걷다 보니 꽁꽁 얼어붙은 길을 다른 사람들은 아무렇지도 않게 잘도 걸어가는데 유독 나만 미끄러지고 넘어지곤 하는 것이었다. 한참을 걸어가는 동안 난 기진맥진 녹초가 되어 피로가 몰려왔다. 대체 이런 차이는 어디서 오는 걸까? 호텔에 돌아온 후에도 전혀 알 수가 없었다. 구두가 달라서일까, 아니면 홋카이도 사람들은 언 길을 걷는 게 익숙해진 때문일까! 나는 아직도 고개를 갸웃하게 된다.

그러나 살이 에일 듯 그러면서도 상쾌한 추위. 그것은 도쿄의 겨울에서는 결코 느낄 수 없는 것이다. 하늘을 찌를 듯한 벌거벗은 수목 위에 선연히 별이 빛나고 있는 삿포로의 밤은 내게 스톡홀름에서의 밤을 생각나게 한다. 털게(毛蟹)나 옥수수도 좋지만 찐 감자에 버터를 발라 맥주를 마시는 즐거움도 도쿄에서는 맛볼 수 없는 것이었다.

그날 밤, 나는 얼어붙은 눈에 불빛만이 고독하게 반사되고 있는 고요한 삿포로의 밤거리를 언제까지나 바라보았다. 그 다음 날, 역시 옛날 가르쳤던 여학생이 어느 덧 엄마가 되어 아들을 데리고 찾아와 주었는데 이때도 기뻤다. 홋카이도에 가면 웬일인지 옛날 제자와 잇달아 만날 수 있게 된다.

내가 좋아하는 홋카이도이지만 단 한번 실패한 일이 있다. 벌써 수년 전이다. 어느 부동산 업자에게 권유를 받아 코마가타케(駒ヶ岳)의 산기슭에 있는 땅을 사게 되었다.

부동산 업자의 말에 의하면 지금은 이렇게 황야지만 2년만 지나면 호텔도 들어설 예정이란다. 호텔이 지어지면 상가들도 연이어 들어서게 되니, 별장지로서 여기보다 더 좋은 곳은 없다는 이야기였다.

현지에 가보지도 않고 그런 토지(본토에 비교해보면 너무나 싼 값에 눈이 멀어…)를 샀던 나는 많은 사람들로 인해 몹시 혼잡한 도쿄의 전차에 흔들릴 때마다 '언젠가 넓디넓은 대지에 집을 지어 코마가타케와 바다를 매일 바라보며 살아가는 거야' 하며 마음속으로 무지갯빛 꿈을 꾸고 있었다. 그러나 그 후 호텔이 지어졌다는 소식은 전혀 들리질 않았다. 상가가 생겼다는 이야기도 들리지 않고 주변에 별장이 들어섰다는 말도 전해들을 수 없었다.

그것보다도 걱정은 大(?)일본정부로부터 세금 미납에 대한 독촉이 전혀 오지 않는 것이었다. 1년이 지나고 2년이 지나 3년이 되자 나는 겁이 덜컥 나서 서면으로 질의를 했다. 드디어 관(官)으로부터 일문으로 타이핑된 한 장의 문서가 도착했다.

"당신 토지는 평가액이 평(坪)당 1엔(円)이므로 세금 부과 대상에 해당되지 않습니다."라는 의미였지만 무척 어려운 말로 씌어져 있었다.

나는 부동산 업자에게 속았다는 것을 깨닫고 발을 동동 굴렀지만 어쩔 수 없어 생각을 바꿨다. 아직 결혼하지 않은 질녀들에게 "결혼하게 되면 한 사람마다 50평씩 홋카이도의 토지를 주겠다."고 했더니 그 아이들은 금방이라도 눈물을 흘릴 듯이 절을 두 번, 세 번 거듭하며 기뻐 어쩔 줄을 몰라 한다.

1평에 1엔이라면 50평에 50엔… 그러나 그런 사실을 전혀 모르는 그녀들은 그저 나를 배짱 좋은 멋진 숙부로 생각해주고 있는 것이다.

| **작가소개** | 엔도 슈사쿠(遠藤周作, 1923~96)

· 도쿄출생, 게이오(慶応)대학불문과 졸업. 학창시절부터 『미타(三田)문학』에 수필이나 평론 발표.

· 수상 : 「하얀 사람」으로 1955년 아쿠타가와상(芥川賞)수상, 「침묵」으로 타니자키상(谷崎賞)

· 저서 : 「바다와 독약」, 유머소설로 「멍텅구리」 등이 있고 이외에 다수

월요일

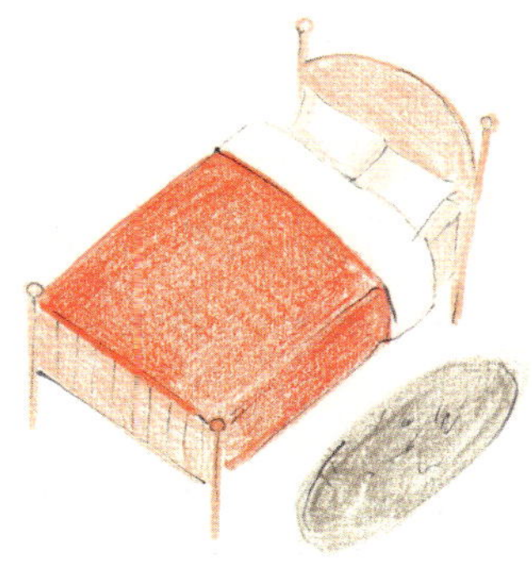

“어머, 자고 있었어?” 라든가,

“감기?” 라고 전화기 너머로 듣게 되는 건 언제나 월요일이다. 월요일의 나는 피로감에 절어있다.

드문 일이긴 하지만 온종일 침대에서 일어나지 못할 때도 있고, 목소리가 잔뜩 잠겨 있을 때도 있다.

수많은 일이 주말에 일어나기 때문이다. 결혼한 후부터 생긴 현상으로 나의 에너지는 주말에 거의 소진되어 버린 셈이다.

주말은 특별하다. 아침에 신문을 사러 남편과 편의점에 가는 것조차 즐겁다.

얼마 전까지 나에겐 주말이라는 개념이 없었다. 회사에 다니고 있지 않은 탓이다.

부럽다는 얘기를 듣곤 하지만, 실은 토요일 일요일에도 상관없이 일하고 있었던 것뿐이다.

그런 것들이 남편을 만난 뒤 바뀌었다. 남편과 주말에만 함께 놀 수 있기 때문에.

이것은 획기적인 일이었다. 그 때까지 몇 번인가 사랑은 했었지만 주말이란 개념을 가진 사람과 사랑을 해 본건 처음이다.

나는 갑자기 주말이 좋아지게 되었다.

주말에는 도로도 거리도 행락지도 영화관도 찻집도 레스토랑도 놀랄 만큼 붐비고 있었지만 그래도 전혀 상관이 없었다.

그리고 그것은 지금도 계속되고 있다.

남편의 생활은 매일매일 규칙적이다. 나는 '회사라는 것은 도대체 어떤 곳일까'라며 때로 신기하게 느껴지기도 한다. 한 성인 남자를 - 그것도 원래 규칙적인 생활과는 전혀 거리가 먼 사람을 - 이렇게까지 통제하여 이젠 그게 당연하다고 생각되게 만드는 곳.

때로는 "회사 좀 쉬고 어딘가에 놀러가요!"라고 제안해도 남편은 절대로 "응"하고 말하는 법이 없다.

그리고 회사에 가면 상당히 지쳐버리는 것 같고, 집에 돌아오면 밥숟갈 놓자마자 곯아떨어진다. 처음에는 어이가 없었다. 아무리 지쳤다 해도 아직 8시밖에 안되었다.

심심해서 흔들어 깨워봤지만 헛수고였고 그때 나는 주말이란 개념을 재발견하게 되었다.

나는 하루를 일하는 시간과 개인적으로 즐기는 시간으로 나누어 생활하고 있지만, 남편은 한 주간을 그렇게 구분하고 있다. 평일은 일을 위해, 주말은 개인적 즐거움을 위해서.

그렇게 구분한다는 것은 놀라울 정도여서 평일의 남편은 개인적 즐거움을 일절 포기하고 있는 것 같다.

할 수 없다. 나는 밤에 일을 하든지 책을 읽든지 하며 보내다가 남편이 그리워지면 잠자는 얼굴을 살며시 보는 걸로 만족한다.

도저히 심심해서 견딜 수 없을 때는 가끔 밤 외출을 하지만, 그래봐야 택시를 타고 새벽까지 문을 여는 서점에 가는 정도로 기껏해야 왕복 1시간 반 정도로 건전한 것이다. 서점이 아니면 24시간 문을 여는 패밀리 레스토랑에서 커피를 마시거나 공원 옆 육교 위에서 달리는 차를 바라보든가. 밤은 기분을 맑게 하기 때문에 좋아한다. 놀고 있는 사이에, 집에서 남편이 - 그저 쿨쿨 자고 있더라도 - 기다려 주고 있다는 생각을 하면 기분이 좋다. 돌아갈 곳이 있다는 것은 정말 기쁜 일이다.

그렇게 나는 주말을 기다린다. 주말은 압도적이다. 매 주마다 남쪽 섬으로 바캉스를 가는 듯한 기분이다.

원래 우리 부부는 둘 다 활동적인 성격이 아니어서 실제로는 주말에도 대체로 조용하다. 온종일 자고 있거나, 슈퍼에 가거나 한다.

그런데 그럼에도 불구하고 월요일에 기진맥진해 버리는 건 주말 이틀

간, 모든 신경을 기울여 남편과 같이하려고 노력하기 때문인 것 같다. 남편에 의하면, 나는 '매사를 너무 지나치게 깊이 생각하는 성격'이라 한다. 나는 남편과 함께 있을 때, '이 사람과 잠시라도 떨어져 있을 수는 없다'고 생각하든지, '이젠 끝이야. 마지막이야'라고 결심하고 있든지 어느 쪽이다. 뭐랄까! 흥하든지 망하든지 둘 중 하나다. 아마 누군가와 함께라는 것에 익숙하지 않은 탓일 게다.

주말은 언제나 남편과 함께 있다. 그리고 거의 매 주말마다 싸운다. 사소한 것에서부터 폭풍우처럼 큰 것에까지. 우리들만의 남쪽 섬에서.

어렸을 때 여동생과 싸우면 엄마는 그렇게 허구한 날 싸울 거면 떨어져 있으라고 하셨다. 그렇게 붙어 있으니 안 되는 거라고.

남편과도 같은 일이 일어난다. 남편은 어지르기 선수고 매사에 무관심하고 감정을 무시하기 십상이라고 나는 생각한다. 나는 잘 참지 못하고 감정적이고 양보라는 걸 잘 모른다고 남편은 말한다. 그러다보니 우리들 사이에는 싸움의 씨앗이 끊이질 않는다.

항상 붙어있다 보니 이렇게 서글픈 느낌이 들기도 한다.

솔직히 그런 기분을 절실하게 느낀다. 그렇게, 그런데도 어쩔 수 없이 딱 붙어있게 된다. 우리 둘은 때때로 끝없이 외롭다. (홀로 있을 때의 고독은 기분이 좋았는데, 둘이 함께 있을 때의 고독은 왜 이리 소름이 끼치는 걸까!)

드디어 남쪽 섬에서의 바캉스는 끝나고 평일이 돌아온다.

월요일 아침, 나는 남편이 회사로 가버리는 것이 시시해져 그만 무뚝뚝해져 버린다. '빨리 다음 주말이 오면 좋을 텐데'라고 생각하며 현관에

구두를 꺼내 놓는다. 그리고 남편을 배웅하는 순간, 스스로도 놀랄 정도로 여느 때처럼 엄청나게 안도(安堵)의 파도가 밀려온다. 안도와 피로, 그리고 졸음.

나는 침대로 돌아와 죽은 듯이 잠이 든다. 평일이다. 눈을 뜨면 청소하랴 세탁하랴 할 일도 잘 되겠지. 저녁이 되면 가볍게 술을 만들어 마셔야지. 멋져. 창문도 모두 열어젖히자. 남편은 어째서 창문을 여는 것을 그렇게 싫어하는 걸까.

현관을 나설 때 그렇게 아쉬워하던 아내가 문을 닫는 순간 그런 것을 생각하고 있으리라고는 아마 남편은 상상도 못하리라.

우리들은 몇 차례 주말을 함께 보내고 결혼했다. '언제나 주말 같은 인생이라면 좋으련만' 맘속으로 생각했다. 그렇지만 실은 알고 있다. 매일이 주말이라면 우리는 틀림없이 산산조각이 되어버릴 것이다.

남쪽 섬에서 산산조각 나 버릴 것이다.

잠시 동경해보긴 했지만. - 수필집 「당신의 주말은 몇 개입니까.」 중에서.

| **작가소개** | 에쿠니 가오리 (江國香織)

1964년 도쿄출생. 소설가, 번역가, 시인. 메지로 학원 여자 단기대학 국문과 졸업. 출판사에서 직장 생활을 한 후 미국의 델라웨어 대학교로 유학을 떠난다. 1989년 『409래드크리프』로 페미나상, 1990年 『향기로운 날들』로 산케이 아동출판문화상을 비롯해 많은 상을 받는다. 2004년 『울 준비가 되어 있다』로 나오키상을 수상한다.

1991년 『반짝반짝 빛나는』이 베스트셀러가 되면서 청신한 감성과 젊디젊은 문체로 써 내려간 그녀의 작품은 젊은 여성들을 중심으로 많은 지지를 얻게 된다. 또한 아동 문학 분야에서도 수많은 작품과 번역 작품이 있다. 수필가인 고(故) 에쿠니 시게루(江國滋)의 딸이다.

주요작품은 『냉정과 열정사이(2001년)』, 『도쿄타워(2001년)』, 『언젠가 기억에서 사라진다 해도』, 『차가운 밤에』, 『낙하하는 저녁』, 『달콤한 작은 거짓말(2004년)』 등. 이외 다수.

행복한 시간

이른 아침 커피를 마시면서 나는 몇 번이고 짐을 점검했다.

"필요한 건 이쪽에서 준비할 테니 에쿠니 씨는 숙박세트만 가져오면 됩니다."라고 며칠 전부터 전화를 받긴 했지만. 아무튼 첫 캠프다. 사실 불안하지 않다면 그건 거짓말이다. 슬리핑백으로 잘 때는 보통 무얼 입고 잘까? 파자마는 이상하지. 화장실은 있는 걸까. 얼굴을 씻을 물은 있는 걸까. 미네랄워터 병을 가지고 가는 게 좋겠어? 라며 몇 번이고 자는 남편을 흔들어 깨워 물었다.

전부터 캠프에 가보고 싶었다. 밖은 햇살이 나기 시작해 기분 좋은 날씨다. 아침에 누군가 데리러 와주는 것도 학창시절처럼 기뻤다.

도로는 텅텅 비어 있었다. 차는 번쩍번쩍 빛나는 짙은 푸른 감색으로

언제든지 교외로 나갈 수 있는 태세다. 남성 편집자 세 사람에 여성 카메라맨 한사람. 게다가 더없이 캠프 분위기를 물씬 풍기는 커다란 짐들로 벌써부터 캠프장에 와 있는 듯하다. 도어를 열고 닫을 때마다 덜커덕 덜커덕 하는 소리도 일상생활을 떠난 들뜬 기분을 한층 고조시킨다.

생각보다 일찍 캠프장에 도착했다. 제일 먼저 글로 쓰고 싶은 것은 그곳의 냄새다. 시골스런 기분 좋은 냄새. 소나무가 많은 곳에서 나는 마른장작 냄새라는 걸 나중에 알게 되었다.

관리인 아저씨에게 돈을 내고 등록을 했다. 캠프장이래야 숲 속의 빈 땅이다. 수수한 적갈색의 습기를 머금은 땅에 잔돌로 지면은 울퉁불퉁하고, 하늘을 향해 멋지게 뻗은 나무들이 캠프장 전체에 그늘을 적당하게 만들어 준다. 화장실과 수도도 있고 여러 개의 텐트가 쳐져 있다.

차를 타고 안으로 들어가며 곧 두리번거리기 시작했다. 사각텐트, 삼각텐트, 멋없이 딱딱한 지프차, 나뭇가지에 매단 로프에 티셔츠와 면 이불과 타월이 걸쳐져 있다. 모두 텐트 앞 테이블에서 아침식사를 하고 있다. 머리에 세팅 롤을 한 채로 인 사람도 있다.

얼마나 재미있는 광경인가! 나는 흥분했다. 이웃집 생활이 몽땅 드러나 보인다. 한 집씩 찾아가보고 싶은 충동을 꾹 눌렀다.

"아 어쩜 좋아. 눈길을 뗄 수가 없네. 너무 뚫어지게 보면 실례가 되겠지요?" 라고 말하니, "상관없어요. 보여 지고 있는 걸 의식하면서 생활하고 있으니까"라며 편집자 한 사람이 쿨하게 말한다. 정말 그런가란 생각이 들었다.

장소를 정하고 텐트를 쳤다.

이번 캠프 전체를 통해 내게 가장 인상 깊었던 것이 바로 텐트다. 텐트라는 것은 기능적인데다 아주 사랑스런 모습을 하고 있다. 딕 브루너의 그림과 같다. 텐트를 치는 방법은 우선 골조를 끼우고 조합한 뒤 그 위에 텐트 본체를 펼친다. 이 때 골조의 요소요소마다 끈으로 묶는다. 그리고 전체적으로 덮개를 씌우고, 덮개 끝을 본체 양 끝과 함께 팩으로 지면에 고정시킨다.

나는 세 편집자가 너무 날렵하지도 어눌하지도 않은 솜씨로 텐트 치는 것을 옆에서 지켜보았다.

미국 대학에서 시 수업을 들을 때, 'The Silken Tent'라는 시를 배웠다. 배웠다고는 해도 교수님이 낭독하는 것을 듣기만 했고 내용은 절반도 이해 못했지만 첫 행은 확실히 기억하고 있다.

She is as in a field a silken tent라고 한다. 실크 텐트 같은 여

인에 대한 시인데, 텐트 같은 여자란 도대체 어떤 여자일까 무척 궁금했다. 처음 본 텐트가 정말 사랑스럽게 느껴져 그런 생각이 떠올랐나보다.

호수로 내려가 보트를 탔다. 호수는 널따랗고 소박하며 아름다웠다. 낯선 음악이 들렸지만 그 또한 한가로운 느낌이다. 음악은 유람선의 안내 아나운서의 BGM으로, 유람선은 우스꽝스러운 용의 형태를 하고 있다. 물 위로 부는 바람은 시원하고 호수는 온통 잔물결을 치고 있다.

물은 맑고 차가웠다. 쾌조의 스피드로 나아가는 보트에서 한 손을 담궈 물살이 헤쳐 갈라지는 감촉을 느껴본다. 황홀하고 상쾌한 기분이다.

내가 살며시 노를 저어보았다. 아주 천천히 가까스로 움직이긴 해도 직접 저어보니 뱃머리가 어디로 향하는지를 전혀 알지 못하겠다. 그저 맹목적으로 젓고 있을 따름이다. 더구나 바짝 긴장해서 노 끝만을 쳐다보기 때문인지 눈이 핑핑 돌아 어지럽다.

텐트에 돌아와 점심(새우, 오징어, 가리비 스파게티와 맥주)을 먹은 후 산에 올랐다. 아침에 차안에서 본 타임테이블에 트레킹이라 쓰여져 있기에 "트레킹이란 뭔가요?" 하고 물었더니 "그저 산책이에요." 라는 답이 돌아왔다. 그러나 그건 완전히 거짓말이었다. 편도 한 시간으로 듣고 깔보다가는 큰 코 다친다. 이렇게 경사진 길은 뒤로 미끄러지면 금방 떨어질 것 같아 도저히 오를 수 없을 것 같은 데 도대체 왜? 라는 생각이 들만큼 속보로 오르는 것이다. 나는 예전에 그렇게 열심히 걸어본 적이 없을 정도로 최선을 다해 걸었다. 여기저기 앙증맞은 꽃들이 피어 있었던 것 같은데 도대체 바라볼 여유가 없다. 어른을 따라가려고 필사적인 아이가 된 느낌이었다. 정강이와 허벅지근육이 당겨 조금씩 통증이 느껴졌다. 그런데도 내 앞을 걷고 있던 두 사람은 순식간에 보이지 않게 되어버렸다. 때로 어딘지도 모를 앞쪽 저편에서 이제 다~ 와가요, 정상 같은데요, 거의 다 온 것 같네요. 라는 믿어도 될지 어떨지 알 수 없는 목소리만 들릴 뿐이다. 아무튼 정상 같은 전망이 탁 트인 장소에 도달했을 때는 땀범벅에 말 그대로 숨이 끊어질 듯 온 몸이 허둥대는 녹초가 되었다. 무릎만이 아니라 손가락 끝도 살짝 떨렸다. 내가 특별히 연약했던 건 아니라 생각한다. 다섯 중 네 사람이 한참동안 말을 할 수 없는 상태였으니까.

그곳에서 보는 전망은 그야말로 기분 좋은 것이었다. 거대한 후지산. 구름이 끼어 있어 다 보이지는 않고 산기슭이 오른편으로 우아한 곡선을 그리고 있다. 중턱을 알 수 없는 채로 눈이 쌓인 하얀 정상, 그리고 왼편 산기슭과 멀리 떨어진 곳을 내려다본다. 세계의 절반은 후지산이란 느낌이다.

후들후들 떨면서 하산. 그런데 그건 정상적인 루트였을까! 오며가며 아무도 만나지 않은 등산길 같은 게 있을까. 풀을 헤치며 나아가야 되는 길 같은 게…. 지금 생각해보니 그런 기분이 든다.

캠프장에 돌아오니 또 그 때의 그리운 냄새가 난다. 바람이 부드러워 살 것 같다. 완전히 피로에 지쳐 일을 한 기분이 들어 상쾌하게 맥주를 마신다. 저녁은 바비큐. 밖에 아궁이를 만들고 불을 피우는 것도 처음 보았다. 불이 장작 전체로 퍼지는 것도 시간이 걸린다. 서서히 아주 서서히 타오른다. 돌과 흙, 장작과 숯, 불꽃과 해질 녘의 뒤섞인 냄새가 난다. 풍요롭고 평화로운 냄새. 가장 맛있었던 건 당근. 다음이 얇은 소고기. 그리고 표고버섯. 실컷 먹었다.

식후에 각자 커피나 위스키를 마시면서 모닥불을 쬐었다. 모두들 별 말은 없었다. 후드득후드득 튀는 불똥. 밤엔 추워 불이 좋았다. 너무나 만족했다. 행복한 기분.

텐트 뿐 아니라 캠프 도구도 사랑스러웠다. 단단하고 푸른 접이식 책상의자도, 은 머그컵도, 보보보… 소리를 내는 랜턴의 부드러운 빛도.

그 후 갑자기 비가 내려 황급히 취침. 나는 개인적으로 그런 것을 너무 좋아한다. 그런 것이란 갑작스런 비나 정전 같은 것이다. 텐트에서 잘 때는 더더욱. 비는 꽤나 강하게 내렸지만 텐트 안은 조금도 젖지 않았다. 슬리핑백 밑에 은색시트를 깔아주어 등도 전혀 아프지 않았다.

아~ 재미있었다. 다음엔 연인과 같이 오고 싶다.

나는 그렇게 다짐하고 빗소리를 들으며 잠이 들었다.

(『울지 않는 아이』)

| **작가소개** | 에쿠니 가오리 (江國香織)

여분(餘分)의 것들을 위한 거리

약속이 있을 때 나는 대체로 긴자의 와코(化光)앞에서 만나자고 정한다. 그곳에서 바라보는 긴자를 좋아해서 대개는 약속시간보다 일찍 가서 커다란 윈도우 앞에서 멍~하니 서있다. 멍~하니 서서는 교차점에서 파란 신호로 바뀌면 건너가는 많은 사람들의 얼굴, 그리고 서서히 저물어가는 하늘과 네온과의 신기한 조화를 바라보고 있다 보면 언제나 행복해진다.

와코 앞에서 만나자고 할 때면 때로 빈축을 사기도 한다. 춥든 덥든, 비가 오든, 해가 쨍쨍 내리 쬐든, 기다리든, 혹 상대가 늦어 기다리게 되든…. 실외에서의 약속은 불편할 때가 많다. 나라도 약속장소가 신주쿠(新宿)라든가, 시부야(澁谷), 아니면 아오야마(青山), 롯본기(六本木)라 한다면 비바람을 맞게 될 곳에서 기다리려는 엉뚱한 생각은 하지 않는다. 내게 있어 긴자는, 실질적이지 않은 것을 위한 거리다.

그렇기에 일로 만날 일이 있을 땐 가지 않는다. 좋아하는 사람들과만 가고 싶고, 여유로운 시간을 갖고 싶을 때만 간다. 여유로운 것이란 예를 들어 오후에 차를 마시는 것이나, 즉석 디저트 전문점인 포도나무집(ぶどうの木)의 화려한 과자나, 시세이도파라(資生堂パーラー)의 소다수도, 과일 전문점인 센비키야(千疋屋)의 복숭아 파페도 실질적인 것과는 거리가 멀다. 실질적이지 않은 호사스러움이 나는 좋고 긴자라는 거리에 잘 어울린다고 생각한다. 다만 예외로 사랑스런 기무라야(木村屋)의 팥빵만큼은 실질적이면서도 부유한 느낌이 들어 행복하다.

쇼핑도 의류, 식료품, 화장품 등은 신주쿠에서 끝내버린다. 긴자에서 사는 것은 그 외의 여분의 것들뿐이다. 야마노(山野)악기의 CD, 소니플라자의 초콜릿이나 비스킷, 쁘랭땅백화점의 수입 잡화, 큐쿄도(鳩居堂)의 일본 전통 색종이, 구로사와

(クロサワ)의 편지지세트…….

언젠가 이토야(伊東屋)에서 회색만의 열고 진한 24색 세트 크레용을 샀다. '감옥에 사는 10마리의 쥐 그림'이나, '비오는 아침 파리에서 죽다'라는 영화의 한 장면을 그릴 수 있다는 생각에 충동구매를 해버렸다. 이들 대부분은 꼭 필요하진 않지만 사게 되는 여분의 쇼핑이다. 회색뿐인 24색 크레용은 초보자가 잘 사용할 리가 없는 것이다. 그럼에도 나는 이 크레용이 너무 맘에 들어 지금도 때때로 스물 네 사람의 굴뚝 청소하는 아저씨라든가 스물 네 개의 돌, 등을 살며시 그리고 있다.

이토야도 그렇고, 한걸음 안쪽으로 들어가 돌아다니다 보면 마지막엔 어디가 어딘지를 몰라 어리벙벙한 미로(迷路)같은 가게들도 긴자에는 있다. 예를 들어 이에나(イエナ)서점이 그렇다. 아름다운 화집이나 사진집, 다 셀 수 없을 정도로 진열 된 페이퍼 박스에서부터 패션잡지에 이르기까지 보고 있다 보면 질리지가 않는다. 프랑스 그림책이라든가 이탈리아의 잡지라든가, 읽을 수도 없는 여분의 물건들을 나는 여기서도 나도 모르게 사버린다.

이런 여분의 물건 찾기와 긴자를 생각할 때 문득 떠오르는 것이 특별한 볼 일없이 그저 어슬렁거린다는 '긴자브라'라는 말이다. 이 말을 맨 처음 알려 준 건 엄마다. 긴자브라를 즐기며 산책하는 어른스런 여유가 나를 설레게 한다.

그즈음 엄마와 긴자에 가면 꼭 들르는 식당이 있었다. 가게이름도 장소도 잊어버렸지만, 빌딩 안에 있었고, 어수선하지는 않았지만 품격이 느껴지지도 않는 일식당인데 '치요다 벤또'란 메뉴가 언제나 엄마와 나의 점심이었다. 그릇이 서랍처럼 되어있고 맛이 잘 배인 형형색색의 야채조림이라든가 달콤한 생선조림이 한 단마다 정성스럽고 앙증맞게 담겨져 있었다.

아빠는 밖에 나가는 것을 싫어하셔서 어쩌다 가족과 함께 외출할 때도 춥다, 덥다, 힘들다, 허리가 아프다는 핑계를 늘어놓으며 금방 심기가 불편해졌다. 그래서 긴자를 누비는 것은 오로지 엄마와 나의 즐거움이었다. 그렇다하더라도 일부러 외출할 수도 없어서 볼 일이 있어 간 김에 즐기는 정도다. 늦어도 저녁식사 준비 전까지는 꼭 돌아가야 된다는 신데렐라 같은 조건이 있었지만, 그래도 "잠시 긴자에 들렀다 갈까요?"라는 것은 내게 있어 그 시절 여자들만의 작은 사치였다.

여자끼리 라는 것이 긴자와는 가장 잘 어울린다. 일로 오는 것이 아니고 좋아하는 사람과만 오고 싶다고 썼지만, 좋아하는 사람이라 해도 좋아하는 남자가 아니고 좋아하는 여자와 함께가 가장 좋다. 아마 남녀 사이에는 크든 적든 간에 계산이랄까 밀고 당기기가 있어서 현실적인 냄새가 나기 때문이 아닐까 싶다.

내가 긴자를 좋아하는 이유는 긴자는 걸을 수 있는 거리이기 때문이다. 걸을 수 있는 거리라는 것은 첫째, 도로가 세밀하게 얽혀져 있고, 둘째로 뒷골목에 재미있는 상점들이 있으며, 셋째는 교통망이 잘 발달되어 있다는 점이다. 나에게는 세 번째가 특히 소중하다. 지하철이 여러 개 연결되어 있기 때문에 어디를 걸어도 쉽게 지하철로 귀가할 수 있다. 설사 미아가 된다 하더라도 무섭지 않다는 말이다. 공원이나 영화관이 있어서 시간을 보낼 수 있다는 것도 걸을 수 있는 거리의 장점이지만, 아, 그리고 보니 영화도 여분이라고 할 수 있는 셈이다.

긴자는 영화관이 많은 거리다. 히비야(日比谷)와 유라쿠쵸(有樂町)까지를 포함한다면 강아지도 걷다보면 찾을 정도로 많다. 마리온(マリオン)의 1,700엔과 샹떼 시네(シャンテシネ)의 1,600엔에서 보듯, 이 주변의 영화관은 최근에 좀 비싸지만 그래도 오기쿠보(荻窪)나 다카다노바바(高田馬場)가 아니고 긴자에서 본다는 것에 일종의 묘미가 있다. 긴자를 좋아하는 사람은 작은 일엔 아무래도 상관없다는 주의의 사람일 것이다.

어릴 적부터 쓸데없는 것에 열정적이었던 나는 가족끼리 긴자에 가서, 어디서 식사를 할까라는 얘기가 나오면 엄마와 아빠를 억지로 졸라서 후지야(不二家)에 갔다. 목적은 '페코짱(ぺコちゃん) 선데이'였고, 엄청나게 큰 그 디저트는 어린 마음에도 너무 달았지만, 오로지 꼭대기에 붙어 있는 페코짱 얼굴모양의 초콜릿이 먹고 싶었던 것이다.

내가 긴자를 좋아하는 것은 아마 이런 것들 때문이리라.

| **작가소개** | 에쿠니 가오리 (江國香織)

여행지의 아침

여행지의 아침을 좋아한다. 내게 있어 여행의 즐거움 가운데 80%는 아침에 있다고 생각한다. 평상시에는 야행성 체질에 늦잠꾸러기, 커피도 침대 안에서 편하게 마시는 편이지만, 여행지에서는 산비둘기처럼 눈이 빨리 떠진다. 눈을 떴을 때, 모르는 곳에 있다는 것은 상상할 수 있는 한 최고로 즐거운 시추에이션이다.

물론 산책을 나간다.

한 발자국 밖으로 나갔을 때의 그 기분을 뭐라고 말할까?

코에 찡하고 와 닿는 그 짜릿하고 신선한 공기. 그 긴장감, 그 해방감. 나는 손도 발도 기쁨으로 터져버릴 것 같은 기분이 되어 껑충거리지 않을 만큼 가볍게 걷는다. 그때 본 광경이 그대로 얼어붙어서 그 곳의

인상이 된다.

예를 들면 에히메현(愛媛県)에 간 것은 가을이 시작될 무렵이었다. 색이란 색은 모두 또렷하고, 시간이 천천히 흘러가는 그 곳에서 아침 산책을 하다 만난 것은 자전거를 타고 등교하는 수많은 새하얀 교복들이었다. 학생들이 스쳐 지나가는 순간의 그 눈부심이 그 곳에 대한 나의 뚜렷한 기억이다. 그리고 막 나온 새파란 귤을 나뭇가지에서 따, 얇은 껍질을 손톱으로 찔러보았을 때 풍겨오는 싱싱하고 상큼한 향기.

후쿠이현(福井県)의 아침은 역 앞 책방의 유년시절의 추억이 그리운 디스플레이와 햇볕에 그을린 냄새. 11월이었다.

야쿠시마(屋久島)의 아침은 양쪽에 열대식물 같은 것이 빽빽하게 늘어선 자갈길과 야생 시계초(時計草)열매. 아마도 7월이었던 것 같다.

외국에 나가도 마찬가지다. 예를 들어 홍콩에서는 아침에 절의 경내에서 본 아주머니와 큰 냄비에 끓이던 죽이 먼저 생각난다.

오스트리아 빈의 아침은 작은 역의 한산한 플랫

폼이 떠오른다. 이 하얀 역사(驛舍)는 오토 바그너가 설계하여 아름답기가 예사롭지 않다. 담 너머로 늘어뜨려진 푸른 잎들이 건너편 플랫폼으로 비춰지는 그림자 등…. 순간 지상에서 소리가 사라져버릴 만큼 완벽한 풍경이었다.

프랑스의 베니스라 불리는 아미앙(Amiens)의 아침은 비에 젖은 돌멩이와 부활절 달걀이 장식된 창문들….

내게 있어 여행지에서 아침에 본 것, 그건 정말 특별한 것이다. 똑같이 혼자서 걷고 있어도 낮이나 밤보다는 아침에 혼자 걷는 횟수가 더 많기 때문이 아닐까 생각된다. 아침은 사물의 윤곽을 가차 없이 뚜렷하게 만든다. 그러기에 낯선 곳을 걷는다면 단연 혼자인 것이 좋다.

혼자서는 한없이 무(無)에 가깝다. 무에 가깝기 때문에 걸으면서 육체를 잊어버린다. 예를 들면 단지 '눈'만으로, 예를 들면 오직 '피부감각'만으로, 예를 들면 그저 '기분'만으로 그 낯선 곳을 걸을 수 있다는 것을 참을 수 없을 만큼 좋아한다. 설사 때론 너무 무섭다 할지라도.

정말로 나는 가끔 오싹해진다. 세상이 1밀리 틀어진다면 반드시 잘못된 곳으로 떨어진다고 생각한다. 현실에서는 1밀리 정도 금방 틀어지기도 하고, 걸으면서 갑자기 건너편으로 미끄러질 것 같은 기분이 든다. 혼자서는 건너편이 굉장히 가깝게 느껴진다. 나무를 보고 있으면 나무가 되어버릴 것만 같은 그런 기분. 그 자유로움이나 투명함을 좋아하고 그것이 내 유일한 존재방법이라고 생각은 해보지만, 때로 순간순간 깜짝 놀라 나도 모르게 무서워 선채로 꼼짝도 못하게 되어버린다. 일단 발을 잘못 내딛으면 다시는 돌아올 수 없을 것만 같은 기분이 드는 그 찰나(刹那), 그 신기함.

조금 있으면 그것을 고통이라 생각할지도 모른다. 아마도 조금 더 있으면… 지금 나는 누가 뭐래도 역시 여행지의 아침을 좋아한다.

- 『도쿄아이』에서 발췌

| **작가소개** | 에쿠니 가오리(江國香織)

혼자서 차(茶)를

결혼을 코앞에 둔 친구는 약혼자인 남성으로부터 "결혼하면 혼자서 찻집에 가지 않았으면 좋겠다"는 말을 듣고 깜짝 놀랐단다. 그 말을 들은 나도 물론 깜짝 놀랐다.

그 남성이 한 말의 의미는 "시골에서는 결혼한 여성이 혼자서 찻집에 들락거리는 것은 이상하다"는 것이다. 사실의 진위는 제쳐두고라도, 결혼할 친구가 장르를 가리지 않고 찻집을 좋아하고, 그것도 혼자 가는 것을 즐기고 있는데 -이유가 될지는 모르겠지만, 아무튼 혼자서 찻집 가는 것을 좋아하는 사람이라서- 어쩌면 좋을지 당황스러워 하고 있다.

나는 '그런 결혼 그만둬버려!' 라는 생각이 들었지만 입에 담지는 않았다. 결혼이란 어떤 경우라도 어느 정도 미치지 않으면 안 되는 광기(狂

氣)같은 게 있다는 걸 모르지 않기에.

나도 찻집을 좋아한다. 그것도 대체로 혼자서 간다. 누군가와 함께 가는 것도 나쁘진 않다. 그뿐인가 오히려 멋진 때도 있다. 그렇지만 찻집에 가는 것 자체를 즐기기에는 역시 혼자가 좋다.

여행과 비슷하다고나 할까.

혼자가 되려고 가는 것이다. 모르는 곳에 오도카니 혼자 존재하다가 곧바로 떠난다는 것. 예를 들면, 그 창가나 테이블, 그리고 찻잔이 나 자신이나 내 생활과는 관계없이 언제나 그곳에 있다는 것. 그 정당성(正當性), 그 안심(安心).

또 다른 시간의 흐름 속에 몸을 맡긴다는 것이리라. 그곳에서 일하는 사람은 왠지 소설 속의 등장인물 같기도 하다.

좋아하는 찻집 몇 개를 떠올려보면, 인테리어와 커피 맛도 중요하지만 찻집의 인상은 주로 통풍이 얼마나 잘 되느냐에 좌우되는 듯한 느낌이 든다. 환기(換氣)나 창문 이야기가 아니고 뭐랄까 분위기 같은 것, 나와 잘 맞는다는 것, 마음에 드는지 어떤지 라고나 할까!

분위기가 좋은 찻집이란 피부 속까지 숨이 잘 통하는 편안한 곳이다.

찻집은 누군가와 함께 가면 멋질 때도 있다고 쓴 적이 있다. 그것은 물론 좋아하는 사람과 갈 때이고, 그럴 경우 모르는 찻집이라면 어떤 찻집이라도 거의 상관없다. 문제는 마음에 드는 찻집의 경우다. 언제나 혼자서 가는 좋아하는 찻집에는 누구랑 함께 가더라도 행복해 지는 경우는 아주 드물다. 좋아하는 사람이라야 하고, 아무리 좋아하더라도 너무 가까운 사이라면 안 된다.

왜냐면 여행자가 되려고 가는 장소니까. 일상을 그대로 가져가서는 안 된다. 함께 가는 사람도 소설 속에 있는 듯한 사람이 좋다. 마음속으로는 아주 가깝지만, 겉으로는 먼 사람.

내가 결혼해서 슬프다고 생각하는 것 중 하나는 그런 찻집에 남편과 함께 갈 수 없게 되어버린 것이다. 친구의 약혼자에게 얻어맞을 것 같은 말이긴 하지만.

찻집에는 여러 추억이 있다.

고교를 막 졸업하고 무료해 있을 즈음, 좋아했던 찻집의 대리석 카운터. 무더운 날 팔을 올리면 서늘한 차가움이 느껴졌다. 80년대 초에 물론 "아이스 밀크 티"를 주문했다. 언덕배기를 오르는 중간쯤에 있는 반지하의 찻집이었다. 창밖으로 한 여름 거리의 녹음과 사람들의 다리가 보였다.

대학 옆 맨션 1층에 있었던 이국적인 찻집은 남자 혼자서 운영했는데, 그 당시에는 아직 드물었던 차이티(Chai Tea)를 팔았고 참 맛있었다.

처음으로 남자친구에게 헤어지자는 고백을 들은 고슈카이도(甲州街道) 길가에 있는 넓은 찻집에서 그것도 전화로 불려나가서 차였다. 찻집을 나오자 남자친구는 새로 산 화려한 오렌지색 오토바이에 올라타더니 내 인생으로부터 영원히 사라져버렸다.

소설을 쓰기 시작했을 무렵, 새빨갛게 첨삭(添削)된 원고를 되돌려 받으며 최악의 말(full of shit)을 들었던 신주쿠의 아주 좁은 찻집. 너무 달다는 것을 알면서도 거기에 가면 언제나 나도 모르게 그것만 주문해버리는 살구 주스.

그리고 안도리상!

예전에 아버지는 나와 여동생을 데리고 자주 산책을 나갔다.

안도리상이란 그 당시 우리가 살고 있던 동네 역 앞의 찻집 이름으로 정확하게는 '안도리'였다. 벽지는 흰색에 핑크빛 스트라이프였고, 테이블은 새하얀 흰색의 예스러운 케이크 집으로 테이크아웃용 소프트 아이스크림도 팔고 있었다.

"안도리상에 갈까?"

아버지는 그렇게 우리들을 불러내셨다.

'갈까?'는 '갈까~?' 라는 식으로 힘주어 발음하셨다. 이때 아마 우리들을 더 흥분시키려고, 평소 조용한 아버지는 묘하게 힘찬 말투로 바꾸었다. 안도리상은 밝은 서양풍으로 나도 여동생도 뭔가를 먹을 수 있다는 것보다 그곳에 갈 수 있다는 그 자체가 즐거웠다.

20년도 더된 이야기다.

안도리상은 그 후 없어지고, 지금은 나카무라야(中村屋)라는 카레집이 되어 있다.

- 『울지 않는 아이』에서 발췌

| **작가소개** | 에쿠니 가오리(江國香織)

아니의 연인

며칠 전 프랑스 작가인 아니 에르노(Annie Ernaux)*와 대담할 기회를 얻었다. 그녀는 젊었을 때부터 아름다웠지만 63세가 된 현재도 여전히 매력을 잃지 않았다. 호리호리한 큰 키에 부드러운 소재의 심플한 블라우스를 입고 침착한 어조로 거침없이 이야기를 이어갔다. 화제는 서로의 소설관(小說觀)에서부터 소설작법, 연애체험을 어떻게 작품에 효과적으로 활용해 왔는지 등 다양하였다. 게이오(慶應)대학 교수이기도 한 호리 시게키(堀茂樹)씨의 통역으로 2시간 남짓 유익하고 즐거운 대담을 끝낸 후 사진 촬영을 하였다. 모두 왁자지껄 장소를 옮겨가며 촬영이 시작된 직후의 일이었다. 촬영 장소로 사용하는 방의 문을 조용히 두드리는 노크 소리가 들렸다. 스텝 중 한 사람이 문을 살며시 열자 한 백인 남성이 머뭇머뭇하면서도 환하게 웃는 얼굴로 방으로 들어왔다. 그러자 아니의 얼굴이 금방 환해지며 미소를 띤다. 그때까지 그녀는 '세계에 이름을 떨치는 작가'의 얼굴을 하고 있었다. 지적이고 철학적이며 사색적인 말하자면 인텔리 여성의 전형적인 자신감 넘치는 표정이 그녀의 얼굴을 베일처럼 덮고 있었다. 그것이 갑자기 너무나 소녀스럽고 귀여운 여인의 얼굴로 바뀐 것이다.

나는 아니의 표정을 보고 얼른 그녀의 시선을 좇아 막 들어온 남성을 다시 한 번 살폈다. 그리고 곧바로 "아, 그래"라며 납득하게 되었다. 아니가 일본에 올 때 연인과 같이 왔노라고 한 말이 갑자기 생각났던 것이다. 옆자리에 있던 스텝이 내게 언제나 함께였던 '아니의 연인'에 대해 살짝 정보를 주었다. 41세. 독신인지 아닌지는 모르고 직업은 저널리스트….

41세! 나는 아니에게 "멋지네요!" 라고 말했다. "일본에서는 22살 연하인 남성을 연인으로 가질 수 있는 여성은 거의 드물거든요." 그 말을 들은 아니는 눈을 동그랗게 뜨고 웃으며 이렇게 말했다. "일본인은 모두 내 연인이 22살 연하라고 들으면 놀라지만 그것이 내게는 신기하고 놀라워요. 프랑스에서는 아주 당연한 일인데."

듣고 보니 마르그리트 뒤라스(Marguerite Duras)*의 가장 만년의 연인은 그녀보다도 39세 연하였다. 여러 사랑을 했던 여인인 조르주 상드(George Sand)*도 연하의 시인 뮈세(Alfred de Musset)와 강렬하고도 미쳐버릴 것 같은 이별이 죽음으로 이어질 정도로 헤어날 수 없는 사랑에 빠졌다. 상드는 쇼팽을 사랑하고 있었다고는 하지만 일생을 통해 그녀가 목숨 걸고 사랑했던 사람은 뮈세라고 한다. 나이차 뿐만 아니고 상대가 기혼인지 독신인지도 거의 문제가 되지 않는 것이 프랑스인의 연애관인 것 같다. 예를 들어 지인 커플을 초대한 식사모임이나 조촐한 홈 파티에 지인이 배우자가 아닌 다른 남성을 동반하고 나타났다 해도 그들은 거의 동요하지 않는다. '그때그때 서로 사랑하고 있는 사람들 끼리를 커플로서 공인한다.'는 풍조가 프랑스 국민들 사이에 뿌리 깊게 자리 잡고 있는 것이다. 극단적으로 말하면 '오늘밤 내 연인은 이사람'인 것이고, 소개받은 쪽도 그것만으로 두 사람을 커플로서 간주하고 자연스럽게 대응할 수 있다고 하는 것이다.

아니의 연인이 기혼자이었는지 독신이었는지는 모른다. 질문했다면 아니도 그도 정직하게 대답해 주었으리라 생각되지만 내게는 그런 질문이 무척 바보스럽게 느껴졌다.

한 프랑스인 저널리스트가 휴가를 내어 22살 연상의 연인과 함께 일본에 왔다고 하는 것일 뿐이다. 그에게 아내가 있든 없든(참고로 아니는 이혼 후 쭉 독신으로 지내고 있다.) 게다가 그 연인이 22살 연상, 일본 TV '와이드쇼' 프로그램의 어투를 빌린다면 '어머니 같은 나이'의 여성이었다 해도 그건 아마도 그들 연애의 본질을 무엇 하나 흔들리게 할 수는 없을 것이다. 왜냐하면 그들은 한 개개인의 확립이 우리들 일본인과는 다르게 철저하기 때문이라고도 할 수 있겠다.

있는 그대로 말한다면 자신은 자신, 타인은 타인인 것이다. 세상의 상식이란 것이 굳이 있다 해도 그건 개개인이 자신의 인생을 걷는데 있어서 아무런 참고가 되지 않는다. 그들은 대체로 타인과 다른 점에 대해 고민하지 않고 불안해하지도 않는다. 눈을 향하는 것은 자기 자신이고 자신과의 진정한 대화를 소홀히 하지 않는다. 스스로 정한 것은 흔들림 없이 밀고 나간다.

'자유'란 뭔가에 대해 나는 가끔 생각해 본다. 무엇이든지 좋아하는 것을 할 수 있다는 것이 자유가 아니다. 인생을 살아가며 더 이상 앞으로 나아갈 수 없음을 절박하게 느꼈을 때 자신이 서 있던 자리를 과감히 떨쳐버리고 새로운 곳을 향해 나아갈 수 있는 것…. 그것이야말로 인간이 추구하는 궁극의 자유가 아닌가라는 생각을 해보곤 한다.

그리고 그 '자유'는 개개인이 확립되어 있지 않으면 결코 잡을 수 있는 것은 아니다. '이런 나를 알아주었으면' 하고 이사람 저 사람에게 비굴하게 간청할 것이 아니라 '나는 이렇다.'라고 선언할 수 있는 개인의 강건함이 필수불가결하다. 그러므로 그곳에 진정한 자유가 생겨날 수 있는 것이다.

…등등, 조금 골치 아플 수도 있는 것들을 늘어 놨지만, 22살 연하의 연인을 대동하고 대담이나 강연회를 하고, 밤에는 연인과 식사를 하며 대화에 취해 맛나게 와인을 마신다. 그런 아니의 모습을 바라보며 나는 생각했다. 나이와 젊음과 환상과 상식이 얼마나 무의미한 것인가라고.

아니와 그 연인, 나, 스텝들 전원과의 저녁식사에서 아니가 내게 말했다. "다음엔 프랑스 우리 집에 놀러오세요. 당신의 남편인지 아님 연인을 데리고 말이에요."

남편인지 아님 연인이란 말이 신선했다. 몇 년 후 내가 아니의 집을 방문하는 일이 있다 해도 그 때 아니는 현재의 저널리스트인 연인이 아닌 다른 연인과 함께하고 있을지도 모른다. 나도 그때 누구와 함께 찾아가게 될지 모른다. 남편일까 연인일까.

이런 '알 수 없는 것 투성이' 가운데 그때 그 시간의 사랑을 소중히 여기며 살아가려는 자유로운 모습에서 나는 그들의 참다운 강인함을 볼 수 있었다. 그들에게서 많은걸 배운다.

(〈긴자백점(銀座百点) 10월호〉『한쪽 손의 소리』/ 문예춘추 2005년판)

*에르노(Annie Ernaux) : 작가 겸 교수 (1940~) 어린 시절 노르망디에서 보냈으며, 루앙 대학 현대문학과에 진학하면서 글을 쓰기 시작. 결혼 후 교수가 되어 10년간 재직. 자서전적 글로 그녀의 부모, 청소년기, 결혼, 낙태, 알츠하이머 병, 어머니의 죽음과 유방암 등을 소재로 글을 썼다.「아버지의 자리」로 르노도 문학상을 수상했다.

*마르그리트 뒤라스(Marguerite Duras) : 프랑스의 작가겸 영화감독 (1914. 4. 4.~1996. 3. 3) 베트남출생, 저서로『연인』,『모데라토 칸타빌레』

*조르주 상드(George Sand) :프랑스 여류소설가 (1804.~1876.) 남장차림, 뮈세, 쇼팽과의 연애사건이 유명. 저서『앵디아나』,『콩쉬엘로』,

| **작가소개** | 코이케 마리코 (小池眞理子)

도쿄출생 (1952년~) .세이케이(成蹊)대학 영미문학과 졸업, 소설가 출판사에 입사. 1978년 에세이집『지적 악녀의 권유』로 데뷔. 그 후『제3 수요일의 정사』로 소설가로 전향. · 1989년『아내의 여자친구』로 제42회 일본추리작가협회상. 1995년 제114회『사랑』으로 나오키(直木)상. 1998年『욕망』으로 시마 키요시(島清)연애문학상 외 다수

하얀 버선

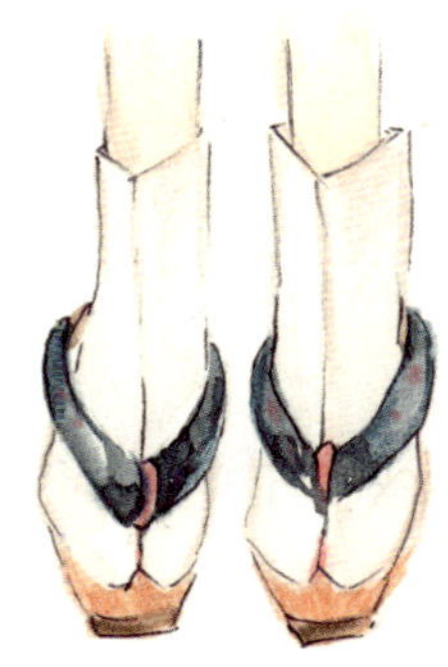

예전에 매스컴에 몸담았던 삼십 수년 동안 오로지 기모노만 입었던 것에 대해서는 몇 가지 이유가 있었지만, 글로 쓴다면 그것만으로도 몇 장을 써야 될 것 같아 이번엔 발밑의 버선에 대해서 잊을 수 없는 추억을 담아보려고 한다.

태평양전쟁이 끝난 직후, 기모노 차림으로 출근하기 시작한지 얼마 지나지 않았을 때, 업무상 사장님 차에 같이 탄 적이 있다. 목적지에 거의 도착할 무렵, 갑자기 사장님은 낮은 허스키한 목소리로 말씀하셨다.

"항상 새하얀 버선을 신고 계시는데, 하루에 서너 번은 갈아 신으시겠군요."

사장님은 젊은 나이로 문학계에 이름을 날리고 있었다. 종전 후 사장

으로 취임하시더니,

"몇 백 명이나 되는 사원들과 그 가족들에 대한 책임이 있습니다. 앞으로 사장직에 전념하고, 그 밖에 일은 일절 하지 않겠습니다." 라고 말하고는 붓을 꺾었던 분이다.

예의범절이 깍듯하고 점잖은 신사였지만, 항상 예리해서 무서웠다. 즉 "하루에 서 너 번은 갈아 신으시겠군요."라는 말은 곧 "하루에 세 번이나 네 번은 갈아 신으세요."란 의미로 받아들여야 하기 때문이다.

하루에 여분으로 단 한 켤레만 버선을 갖고 다니던 내게 갑작스러운 버선에 대한 걱정이 생겼다. 그래서 여기저기 물어봤더니, 버선이라는 것은 자신의 발 사이즈에 꼭 맞게 주문해서 만든 것이 길게 보면 오히려 장점이 더 많다는 것을 알게 되었다.

곧바로 이웃인 일본무용 사범에게 상담하고 긴자의 M상점에 주문하러 갔을 때였다. 나이 지긋한 주인이 나오더니,

"사이즈를 재어 드리겠습니다. 버선을 벗으시고 발판 위에 발을 올려 주세요." 라고 말했다. 내가 "다른 사람 앞에서 맨 발을 보이기에는 좀…." 하며 망설였더니, 주인은 조금의 망설임도 없이 "그럼 버선을 신으신 채로 발판 위에 올려 주세요." 라고 말하고는 한참 동안 내 발을 이리저리 보고 또 보더니 단 한 번의 접촉도 없이 "알겠습니다." 라며 만들어주었던 것이 '97, 갸름한 형(型)의 욧츠나가(四つ長), 호크(haak)가 3개짜리'인 내 취향의 버선이었다. 다 되었다기에 가지러 갔더니, 상점

아주머니는 10켤레가 들어 있는 상자에 상호가 새겨진 가제손수건을 한 장 더 넣어 포장해준 것도 정겨웠다.

덧붙이자면, 옛날 어머니들은 아이 2번째 발가락이 옆의 엄지발가락보다 길면 '부모보다 출세한다.'고 좋아했었지만 그런 발모양을 버선가게에서는 '욧츠나가' 라든가 '욧츠' 라고 지금도 부르고 있다. 내 발은 대표적인 욧츠나가 모양을 하고 있어서 자신감 넘치는 주인의 완성 본은 딱 맞고 피트감이 있어서 발이 정말 편했다.

게다가 무엇보다 고마운 것은 태생적으로 가는 발목을 편안하게 지탱해주고 항상 보호해주었던 것이다. 만년에 오른쪽 발의 아킬레스건이 끊어졌지만, 그건 오랜 삶 속에서 단 한 차례, 나잇값도 못하고 버선을 벗고 양말로 갈아 신고 농구시합에 운동화 차림으로 시합에 나갔을 때 생긴 일이었다.

M상점의 노부부는 이미 돌아가셨지만, 후계자가 있어서 전화로 내 이름을 말하면,

"아~ 97, 갸름한 형이고, 욧츠나가에, 호크(haak)가 3개짜리였죠?"라며 금방 알고 척척 해주니 편안하다. 여름에는 홑겹 버선을, 겨울에는 플란넬(flannel)천으로 된 따뜻한 것을, 그리고 봄가을에는 옥양목을 겹으로 하여 계절 따라 갈아 신기도 했다. 나이 든 지금은 해외여행 할 때는 스트레칭 버선도 이용하고 있다.

맞춤버선! 그건 그것대로 또 하나의 문제로 떠올랐다. 갑자기 늘어난

버선의 세탁이었다. 결국 '좋은 버선은 좋은 세탁소에 맡길 수밖에 없다.' 는 지인의 충고에 따라 우리 집에서 언덕을 한참 올라가 버스길 옆 K크리닝에 맡기기로 했다.

K크리닝 아저씨는 일주일에 두 번, 뒤에 물건을 실을 수 있는 라이트밴(light van)을 타고 언덕을 내려와 내 버선을 가져가 깨끗하게 세탁한 다음, 다시 달려와 하얀 버선을 두고 돌아가곤 했다.

그런 식으로 대체 몇 년을 계속해 왔던 것일까. 그러던 어느 해의 일이다. 일본 씨름 챔피언 요코즈나(横綱)인 치요노 후지(千代の富士)가 씨름판에서 다카노하나(貴乃花)에게 패하여 "체력의 한계…"라며 주르륵 눈물을 흘리고 은퇴한지 얼마 되지 않을 무렵이라 기억된다. 백발이 두드러지게 눈에 띄기 시작했던 K크리닝 주인은 어느 날 "죄송합니다. 가게 문을 닫기로 했습니다. 체력의 한계로…" 라며 우리 집 현관에 손을 짚은 채 주르륵 굵은 눈물을 보였다.

하는 수 없이 나는 대대로 가업을 이어가는 전통 있는 H사에 버선을 맡겨 보았지만 깜짝 놀라 곧바로 그만 두었다. 새삼스럽게 나는 K크리닝 아저씨의 고마움이 마음 깊이 스며왔다. '그래, 이렇게 되면 내가 스스로 할 수 밖에 없지'라는 생각에 브러시 등을 사서 해봤더니 제법 하얗게 빨아지긴 했다.

"여기 좀 보세요. 난 버선 세탁 달인이에요."라며 스스로에게 흐뭇해하던 몇 개월. 어느 날 문득 버선이 쉽게 헤어지는 것을 알게 되었다. 너무 과하게 빨았던 것이다. 나는 달인은커녕, 세상 물정 모르는 그저 애송이에 불과했던 것이다.

그즈음 우연히 길에서 만난 아저씨가 말했다.

"버선 말인데요, 언덕 위의 B크리닝이 어떨까요? 거기라면 아마 잘 해줄 겁니다."

그렇게 미처 몰랐던 B크리닝의 가족과 친해질 구렵 갑자기 K크리닝 아저씨의 부음을 듣고 나는 허둥지둥 장례식에 갔다.

며칠이 지나 B크리닝에 버선을 가지러 갔을 때 주인이 말했다.

"일전에 K크리닝 주인 장례식에 오셨지요? 그분은 당신을 위해 연구도 많이 하고 특별한 버선용 나무 주걱을 주문제작하기도 했고 업계에서는 버선 세탁의 달인으로 통했어요."

지금도 나는 언덕 너머 버스길 옆, 셔터가 내려진 채로인 K크리닝 앞을 지날 때면 아저씨를 생각하며 말없이 고개 숙여 절을 하고 지나간다. 그 집 앞엔 아저씨가 정성들여 심어놓은 꽃들이 지금도 활짝 피어있다.

(베스트에세이집『한쪽 손의 소리/ 문예춘추 2005년판』)중에서

| **작가소개** | 에하라 유키코(江原通子)

· 1920年 도쿄출생, 동양(東洋)대학문학부 석사과정 인도철학전공, 수필가,『문예춘추사』의 여성편집자로서 오랫동안 출판계에 공헌. 대일본다도(茶道)학회 교수.

· 저서『생명을 살아간다.』,『낙화방초(落花芳草)』,『영락을 내려놓을 때』

내게 있어 철도여행은

판사가 하는 일은 엄중하다. 다투는 일이나 범죄를 다루므로 어려운 판단에 직면하게 된다. 판결을 내리다 보면 어느 한편으로부터는 원망을 받게 되고 스트레스도 많이 쌓인다. 생각해보면 정년까지 40년씩이나 용케 잘도 해 낸 것 같다.

그렇게 견디어 낼 수 있게 해 준 것은 바로 취미인 철도여행을 하며 걷는 것이었다. 법원에 들어가 얼마 되지 않았을 때다. 국철(国鉄) 아시오선(足尾線)을 타고 오래된 구리 광산을 찾아갔다. 그때 눈앞에 펼쳐진 벌거벗은 민둥산의 광경에서 공해의 원점을 발견하고 쇼크를 받아, 일본 전역을 로칼 지선(支線)으로 촘촘히 돌아보자는 생각을 굳히게 되었다. 기록을 하려는 목적은 아니었다. '기차 폭폭 판사'라는 소리를 들으면서

도 재직 중 30년에 걸쳐 전국의 JR(Japan Railways, 옛 국철), 사철(私鉄), 지하철, 노면전차, 모노레일, 자동 안내 궤도식 신교통 시스템, 케이블카를 완승했다. 그런 연으로 사회인으로서는 아주 드물게 철도작가인 고(故) 미야와키 순조(宮脇俊三)씨와도 가깝게 지냈다. 그 후로도 새로운 노선이 생기면 타러 가긴하지만 최근에는 지하철이나 터널이 많아 예전만큼 재미가 없어졌다. 기차를 타고 걷는 여행은 시간과 돈이 필요하다. 돈은 각역에 모두 서는 완행열차로 조금씩 다니는 정도라면 그다지 부담이 없지만, 시간은 학생들과는 달리 노력해서 만들어낼 수밖에 없다. 각자 직업도 성격도 다르니까 염출하는 방법도 가지가지일 것이다. 나는 우선 일과 취미의 채널을 조화롭게 바꾸기로 마음을 먹었다. 일은 집중

해서 확실하게 하고, 취미의 세계로 들어가면 거기에 집중한다. 이게 안 되면 어느 쪽도 어정쩡해진다.

법원도 바쁜 곳이다. 나도 다른 사람들처럼 방대한 기록을 읽고 밤을 새워 판결문을 쓰는 일도 자주 있었다. 그래도 즐거운 시간을 만들기 위한 것이어서 힘들다는 생각이 들지 않았다. 싫은데도 억지로 붙들고 있으면 일은 진척되지도 않고 실수도 생긴다. 쉽게 결론을 내릴 수 없어 고심하는 사건을 끌어안고 있다가도 훌쩍 기차를 타고 걷다보면 일은 말끔히 잊어버리고 즐거워진다.

아직 신칸센(新幹線)도 없이 특급도 드물고, 쾌속이나 보통열차를 하루 동안 맘껏 탈 수 있는 '青春18'이라는 차표도 없었을 때의 일이다. 야간열차가 많았기 때문에 법복을 벗고 도쿄역으로 직행하여, 아침 일찍 우에노(上野)역에서 법정으로 출근하는 곡예도 가능했다. 침대차나 그린(Green)차는 언감생신, 야간 완행열차의 딱딱한 의자나 역의 벤치에서 밤을 지새우는 것도 익숙해져 버렸다. 혼자라야 움직이기가 수월하다 보니 가족은 나랑 별도로 여행을 하도록 했다.

증기기관차를 타다보면 좌석이 4인용이라 이야기도 활기를 띄게 된다. 청주나 오니기리 주먹밥을 권하기도 하고 산나물을 나누어주기도 한다. 직업 따윈 서로 밝히지 않기 때문에 형량이 너무 가볍다든가 조정위원이 어떻다든가 라는, 귀에 따가운 세간의 이야기를 들을 수도 있다. 그러나 이제 신칸센이나 특급열차나 좌우 일자로 된 긴 좌석에서는 그

맛을 볼 수 없게 되었다.

폭설이나 사고로 기차가 멈추기도 하고 단 1분이 늦어서 접속 열차시간에 맞추지 못해 운명이 엇갈리게 되어 슬퍼하는 여성의 모습을 본 적도 있다. 실수로 일어난 사태라 해도 철도 측의 성의가 보이면 용서될 수 있지만, 불가항력이었다 해도 대처하는 태도가 좋지 않으면 부아가 치밀 때도 있었다.

출장 갈 일이 있을 때도 갈 때와 올 때의 코스를 바꾸어 아침 일찍 조식 전 출발 시에는 가까이의 로칼 지선을 이용하고, 저녁 후에는 지하철 등을 타고 온다. 매일 매일 업무도 빨리 처리하도록 신경을 썼다. 요즘에는 거짓이 만연하다보니 조사에 시간이 많이 걸려 판결문도 길어지게 된다. 판단에 심혈을 기울인다 하더라도 판결문을 쓰는데 몇 년이나 걸린다면 기차여행은 거의 불가능하게 되어버리지 않겠는가.

메이지(明治)시대에 오오츠(大津)사건이라는 유명한 재판이 있었다. 1891년 러시아 니콜라이 황태자의 일본 방문 중 경호원에 의한 암살미수 사건에 대하여 일본 정부는 일본 황족에 대한 법률을 적용하여 사형을 주장하였으나 사법부는 외국 황족에 대한 규정이 없다는 이유로 일반 법률을 적용하여 무기징역 판결을 내렸다. 이 사건은 일본의 존립을 좌우할 만큼 중대사건이었는데도 판결문은 단 두장, 5백자였다. 하면 된다. 그렇게 생각하고 심리는 가능한 빠르게, 판결문도 될 수 있는 대로 짧고 알기 쉽게 쓰도록 노력했다.

정년 후 나는 법률과 재판의 세계로부터 깨끗이 발을 씻고 오키나와로 옮겨 살고 있다. 이름도 펜네임으로 바꾸고 인생의 오후를 맞이했다. 철도가 없었던 오키나와에도 2년 전부터 모노레일이 생겼다. 경치가 좋아 즐겁고 상당히 인기가 있다. 새로 신설된 것치고는 오랜만의 히트다.

요즈음 집필과 강연에서 나하(那覇)의 시내 중심 상점가(街) 등이 즐비한 곡사이도오리(国際通り)에 최신형 노면전차를 달리게 하자고 제창하고 있다. 유럽 중소 도시의 실적이나 지금까지의 경험으로 노면전차가 매우 편리하고 따뜻한 거리 만들기에도 가장 적합하다는 것을 피부로 느껴 알고 있기 때문이다.

기차를 타고 걷는 여행은 앞으로도 계속 할 생각이다. 일본 최초의 자기부상식 철도로 동부구릉선(東部丘陵線)인 리니모(リニモ)나 츠쿠바의 급행인 익스프레스(エクスプレス)도 타 보았다. 지하철이나 도시교통이 조금 연장되거나, 신형 노면전차가 달리기 시작하면 오키나와에서 본토 어디든 타러 갈 생각이다. 요즈음은 부부가 함께인데다 해외까지 발을 넓혀 가다보니 비용도 만만치 않다. 이제 시간은 충분히 가능해졌는데, 돈이 좀 걱정된다.

(「사마귀의 겨울눈 예상」/『문예춘추』) 중에서

| **작가소개** | 유타카 하지메, 본명은 이시다 죠이치(石田 穣一)

· 1928년 도쿄출생. 도쿄대법학부 졸업, 에세이스트. 도쿄고등법원장 정년퇴임, 오키나와 그리스도단기대학교수. 오키나와현 행정 옴부즈맨 역임. 저서 : 『오키나와에 전차가 달리는 날』, 『자신을 빛내보지 않겠습니까.』,『오키나와의 마음을 찾아』

회전스시 세계일주

이번 1년 동안 네 차례 해외여행을 다녀왔는데, 그 중 세 번은 스시를 먹으러 가는 여행이었다.

해외에 가서도 현지 요리를 먹지 않고 일식 레스토랑만 찾는 일본인을 나는 지금까지 경멸 해 왔다. 그런 나 자신이 스시에 빠져 버린 것은, 다름 아니라 회전스시가 파리에서 대인기라는 뉴스를 들은 후부터였다.

작년부터 파리에서 급격한 스시 붐이 일어나고 있다. 그렇게 불을 붙인 것은 샹젤리제 근처에 오픈한 근사한 회전스시 레스토랑이다. 그 말을 듣고 재미있을 것 같은 생각이 들어 곧바로 취재를 하다 보니 빠져들고 말았다. 무엇보다도 프랑스 사람들이 젓가락을 사용해서 날 생선을 즐겁게 먹고 있는 게 아닌가. 그것도 회전스시의 시스템이 초현대적이고 패셔너블하다 하여 예능인들을 비롯하여 관련업계 사람들이 모두 모여든다.

확실히 잘나가는 인테리어 디자이너가 꾸민 내장은 세련되고 엘레건트 해서 우리들이 생각하는 회전스시의 이미지와는 거리가 멀고, 검은 조명 아래 무한정 순환을 반복하는 콘베이어밸트는 마치 우주와 같은 이미지를 불러일으킨다. 파리의 그들이 보기에 지금 일본의 이미지는 하이테크와 오락과 같은 생활문화 선진국일 것이다.

나는 내가 지금까지 가졌던 회전스시에 대한 고정관념을 완전히 버리고 파리와 런던의 최신 스시에 관한 사정을 취재했다.

파리의 붐은 런던에서 전해진 것이고, 런던에는 회전스시 식당이 열군데도 넘지만 어느 식당이든 긴 줄을 서서 기다려야 될 만큼 대성황이고, 큰 슈퍼에도 샌드위치와 함께 스시팩이 반드시 진열되어 있다. 무엇보다도 최고급 백화점인 헤로즈(Harrods)에 까지 진출해 있다. 스시(sushi)는 어디에서도 통하는 국제어가 되어 있다.

나는 연일 스시만 먹으며 여러 사람을 만났다.

스시·로봇(자동 주먹밥기계)을 도입해서 대량생산하는 것으로 비즈니스화의 기선을 잡은 일본인, 테이크아웃 샌드위치 체인점에서 스시를 도입한 푸드 비즈니스의 프로, 회전스시의 프랜차이즈화로 브랜드 침투를 겨냥한 예능계출신의 야심적인 프로듀서, 그리고 일본주재 경험을 살려 서른 살에 샐러리맨을 그만두고 런던 최초의 회전스시를 성공시킨 미모의 은행원 등, 그야말로 개성적이고 진취적 기성이 넘치는 경영자들을 통하여 스시 비지니스의 최전선을 알 수 있게 되었다.

작년 12월에 첫 번째 취재여행에서 돌아오자마자 곧바로 집필에 들어가 2주 만에 150매를 썼지만, 아무래도 계속하고 싶어서 다음 취재 계획을 세웠다. 그리하여 3월에 암스테르담, 뉴욕, 로스앤젤레스를 돌았다. 암스테르담은 작년에 회전스시점 두 군데가 동시 오픈하였고, 교외에 유럽 최대의 스시 공장이 있고, 대형 슈퍼에서는 스시팩이 불티나게 팔린다는 정보를 입수하여 취재를 빼놓을 수가 없었다. 미국은 잘 알려진 캘리포니아롤의 고향이자 70년대에 스시 붐을 경험한 원조이기도 하다. 게다가 회전스시 취재를 하면서 나 자신이 세계를 한 번 회전해 보지 않고는 말이 안 된다는 생각도 들었다. 시차를 생각하면 좀 버겁다고 생각했지만 단단한 각오로 세계일주편에 몰입하기로 마음을 굳혔다.

이렇게 취재에 몰두하고 잠자는 시간마저 아까워하며 집필한 건 참으로 오랜만이다. 그만큼 재미있는 취재거리와 만나기도 했지만, 1년 반 전부터 손으로 쓰던 것을 컴퓨터에 입력하는 것으로 바꾼 것도 단단히

한 몫 했다.

세계 일주를 할 때 현장 취재 메모 후 호텔로 돌아와 그대로 원고로 쓴 것이 150매였고, 전에 썼던 원고를 가필(加筆)한 것이 200매가 되어 합하여 350매짜리 원고가 귀국 후 바로 스피디하게 완성되었다.

그 후, 이건 TV기획으로도 재미있겠다는 의견이 모아져 7월에 또다시 파리와 런던에 촬영차 다녀오게 되었고, 귀국 즈음에 책이 『회전스시 세계일주』라는 제목으로 출간되었다. TV는 BS디지털로 12월에 방송 예정으로, 오로지 머릿속엔 스시로 꽉 차 있고, 스시만 계속해서 먹었던 1년이었다.

일본의 생활문화가 이정도로 지구촌 사람들에게 그것도 젊은이들을 중심으로 한 세대에 유행으로 받아들여 진 것은, 지금까지 없었던 일이 아닐까! 회전스시를 첨병으로 하는 스시와 그 밖의 일본음식. 그보다 선배로서 이미 세계를 석권하고 있는 애니메이션(만화). 더욱이 가라오케라든가 마사지조차도…. 일본에 있는 우리들처럼 일본인이 모르는 사이에 일본 문화는 이미 글로벌화가 되어 있다.

물론 해외의 스시에는 신기한 래시피도 적지 않고, 먹는 방법도 다르다. 그렇지만 그것은 앞으로 일본과 일본인이 세계를 향해 마음을 열고 나아갈 때 싫든 좋든 경험하는 이문화(異文化)와의 교류모습을 시사(示唆)하고 있다.

나는 스시에 대해서 쓰면서 각종 규제가 완화되지 않고 정보공개마저

꺼리는 일본의 정치내지는 기업시스템에 대하여 늘 걱정하고 있다. 실은 전 수상인 모리(森)씨나 국민신당 대표인 카메이(龜井)씨가 『회전스시 세계일주』를 읽고 눈을 새롭게 떠주었으면 좋으련만….

(「어머니의 캐러멜」/『문예춘추』) 중에서

| **작가소개** | 타마무라 토요오(玉村豊男)

· 1945년 도쿄출생, 화가, 도쿄대불문과 졸업, 재학 중 파리대학에서 2년간 유학, 통역, 번역업을 거쳐 문필업에 입문, 1977년에 『파리 여행 잡학노트』 1980年 『요리의 4면체』 간행으로 에세이스트가 됨, 저서 : 『씨뿌리는 사람』 『에세이스트』 『전원의 쾌락』외 다수. 화집에 『타마무라 토요오의 파리풍경화집』, 『타마무라 토요오의 그림 물고기기행』

꽃보라

이 서툰 문장이 활자가 될 때쯤이면 조금 계절이 지나가버려 아쉽지만, 올해의 도쿄 벚꽃은 참으로 잔인했다.

개화기가 되었어도 추위가 계속되자 꽃은 자신을 지키기 위해 꽃봉오리를 꽉 부여잡고 견고하게 굳어 있었다.

돌연 한여름 날씨가 되어 벚꽃은 다급하게 억지 개화를 맞이하게 되었다. 꽃은 대부분의 에너지를 꽃필 때 쓰게 된다. 그렇다 보니 꽃 피는 계절엔 으레 따르게 마련인 바람과 비에 견딜 여력이 더 이상 남아있지 않았다.

어렸을 때, 나이 많은 정원수 할아버지가 "느긋하고 조용히 핀 꽃은 천천히 지지만, 분주하게 핀 해의 벚꽃은 오래가지 않는다."고 알려주셨는데, 50년도 더 지난 금년에 문득 그 말이 생각났다.

실은 올 해 그런 벚꽃놀이를 해버린 셈이다.

지난 일요일 요요기(代代木)공원의 벚꽃은 완전히 피어 있었다. 바람이 없어도 간간히 꽃잎이 날릴 만큼 절정기를 막 넘기려 할 무렵이었다. 벚꽃이 흐드러지게 만개(滿開)한 것은 틀림없지만 어딘지 쓸쓸해 보이기도 했다.

집을 나올 때 바람이 불기 시작했다.

올해의 벚꽃은 오늘이 피크일지도 모른다고 딸 부부에게 말했다.

요요기 공원까지 걸어서 5분정도의 거리지만, 공원 문을 막 들어섰을 때 모래먼지를 말아 올릴 정도로 바람이 세차게 불었다.

그 옛날, 요요기공원은 요요기연병장(練兵場)이었다. 현재의 서문을 들어가 곧바로 그 근처는 늪인지 못(池)인지 분간키 어려운 습지였고, 지하에서 항상 물이 솟아올라 무심코 발을 들여놓으면 깊이를 알 수 없는 늪처럼 되어 있기에 조심해야한다고 부모님은 늘 말씀해 주셨다.

물론 그즈음의 연병장은 일반인의 출입금지 구역이었지만, 매일 연습이 있었던 것은 아니어서 아이들은 빙 둘러쳐진 철조망 가운데 살짝 뜯겨진 곳을 발견하고 그곳으로 숨어들어가 마치 대모험이라도 할 기세로 한껏 들떠 있었다.

나는 겁쟁이라 그 무리에 들어가 본 적이 없다. 그런데 어느 날 동네 남자아이들이 습지 근처에서 놀고 있었는데 군인아저씨가 와서 "거긴 위험하니까 가까이 다가가면 안 된다"고 가르쳐주었고, "곧 연습이 시작되니까 모두들 밖으로 나가라"며 철조망이 찢겨진 곳까지 데려다 주었다는 이야기를 듣고 나니 깊이를 알 수 없는 늪이 정말 있다는 생각에 갑자기 무서워져 벌벌 떨었던 기억이 난다.

그 습지대도 이제 물이 완전히 말라버렸고 그 근방은 야트막한 경사지가 되어 벚나무만 대 여섯 그루 가지를 늘어뜨리고 있었다.

우수수 벚꽃 잎이 흩날리고 있다.

서있는 사람 머리에도 어깨에도 꽃잎이 날려 쌓이더니 순식간에 새하얗게 되었다.

근처를 뛰어다니던 손자도 온통 꽃잎 투성이가 되어 아무 일도 없는 것처럼 흥겹게 들떠 뛰어놀고 있다. 한바탕 꽃잎 회오리바람이 손자를 휘감아 돌고나더니 그가 내미는 손바닥 위에도 핑크 꽃잎이 수북이 쌓여 있다. 마치 한껏 주워 모은 것처럼. 분명 아름다운 광경이 틀림없는데 마음 한구석 처절한 느낌 또한 지울 수가 없다.

말은 하지 않았지만, 벚나무의 단말마(斷末魔)에 입회한 듯하여 우리들은 무의식적으로 눈길을 돌리고 꽃구경꾼들이 떠들썩하게 모여 있는 공원 중앙 쪽으로 발길을 옮겼다.

공원 안에는 사람들로 넘쳐났지만 쓰레기도 그만큼 요란스럽게 흩어져 있었다. 만개한 벚나무 밑둥치마다 비닐봉지에 가득가득 담겨진 쓰레기가 산을 이루고 있었던 것을 보고 가슴이 섬뜩했다.

왜 꽃나무 아래에 쓰레기를 버리고 가느냐고 지적하는 일본인이 요즈음엔 없는 것 같다.

강풍이 산더미 같은 쓰레기를 무너뜨려 비닐봉지가 삼삼오오 연못으로 날려가자 까마귀가 떼를 지어 쪼아 먹고 있다.

꽃구경으로 모여든 사람들은 그런 것에는 눈길도 주지 않고 흙먼지 속에서도 푸른 비닐을 깔고 캔 맥주에, 도시락을 펼치기 시작했다. 이 공원은 음식물 반입이 금지되어 있는데도 꽃구경을 할 때는 너그럽게 봐 주는 모양이다.

일본에는 옛날부터 달구경, 눈 구경, 꽃구경을 즐기는 관습이 있다. 대부분 중국의 영향을 받아 신분이 높은 사람들은 연회를 열고 시(詩)와 노래, 관현악을 즐겼고, 서민은 중추명월에 도심 한가운데서 하늘을 우러러 감탄하기도 했고, 집 근처의 산에 벚꽃이 피었다고 모두 모여 구경을 가기도 했다.

에도(江戶)시대, 서민이 가장 좋아한 것은 꽃구경이었고, 긴 한랭(寒冷)

의 계절이 멀리 물러가고 점점 양기(陽氣)가 쏟아져 따스해지면 사람들 마음도 한없이 들뜨게 되니 벚꽃은 아직 일까, 아직 일까 이제나 저제나 애타게 피기를 기다린 후에 찾아오니 모두들 와르르 한꺼번에 몰려나가게 되었다.

에도시대의 벚꽃으로 유명한 곳은 무코지마(向島)의 보쿠테이(墨堤), 우에노(上野)의 고산다이(御山內), 오지(王子)의 아스카야마(飛鳥山), 3곳이지만 이중에 가장 인기가 없었던 곳이 우에노였다고 한다. 이유는 무엇보다도 칸에이지(寬永寺)란 사찰 구내에 벚꽃이 있다 보니 거기에 모여 음식을 먹는 것이 금지되었고, 해질 녘이 되면 산 안에 있는 문을 닫는 규정이 있었기 때문이다. 피어있는 벚꽃을 구경하는 것 만이라면, 아무런 지장도 없지만 사람들은 아무래도 꽃구경을 핑계 삼아 노래하고 마시는 것에 마음이 있다 보니, 보쿠테이나 오지만큼 벚꽃 나들이를 가게 되지는 않았다고 어느 책에 쓰여 있었다.

그렇다면 가장 인기 있었던 곳은 어딜까. 단연 아스카야마로 이곳은 8대장군인 요시무네(吉宗)가 에도 토박이들의 인기를 얻으려한 것도 있었지만, 서민들의 꽃구경을 위해 수백그루의 벚나무를 심게 하여 만든 만큼 꽃놀이를 위한 꽃동산으로 에도 사람들이 첫째로 내세웠다.

다만, 좀 아쉬운 것은 에도거리의 중심으로부터는 조금 벗어나 있었다. 여유가 있는 사람들은 미리 오오기야(扇屋)나 에비야(海老屋)처럼 유명한 요리집을 숙소로 잡고, 꽃구경을 마친 후에는 오지의 신(神)에게 참배하고 오지의 폭포 등을 구경하는 일정을 짜지만, 그렇게 형편이 되지 못하는 사람들은 아침 일찍 집을 나서 아스카야마에 도착하여 하루를 마음껏 즐기고 저녁 무렵 꽃과 작별을 해야 했다.

그런 점에서 무코지마는 하루 일을 끝내고, 배를 띄워 밤 벚꽃 놀이를 할 수 있어 남성들에게는 안성맞춤이었다. 말하자면 꽃구경을 한 후에는 큰 강으로부터 산 계곡으로 배를 돌려 에도에 있던 유곽인 요시와라(吉原)의 기루(妓樓)에 잠깐 들릴 수 있는 여분의 즐거움을 더할 수 있기 때문인 것 같다.

그런데 우에노는 유별나게 꽃구경하는 자리마다 반드시 술과 안주를 가지고 오는 행락객이 많았음에도 불구하고, 산더미 같은 쓰레기로 고생했다는 기록은 별로 보이지 않는다.

'당시에는 비닐봉지나 일회용 도시락 트레이가 없었던 탓일까'라고 생각을 하다가 문득 깨달았다.

"세상이 편리해지면 해질수록 사람들은 풍류(風流)를 잊어버리고 점점 편리함만을 찾으며 게으르게 된다는 것을…"

-『긴자백점(銀座百点)』 6월호에서 발췌

| **작가소개** | 히라이와 유미에(平岩弓枝) (1932년 3월.~)

· 도쿄출생. 일본여대 국문과 졸업. 소설가, 각본가. 대표작 : 『참사(蹔師)』, 974年 『온야도가와세미(御宿かわせみ) (1990) 『서유기(西遊記)』, 『화영의 꽃(花影の花)』,

· 수상 : 나오키상(直木賞)(1959), NHK방송문화상(1979年). 요시카와 에이지(吉川英治)문학상(1991).키쿠치 칸(菊池寛)상(1998). 마이니치(毎日) 예술상(2008) 외 다수

크레송

물냉이인 크레송(cresson)은 내게 있어 특별히 그리운 향초다. 요리의 주역은 아니어도 레어로 구운 비프스테이크 옆에 곁들이면 진한 녹색 잎이 고기 색을 돋보이게 하여 일단 눈을 즐겁게 해준다.

작가인 모리 오가이(森鷗外)는 '사프란(saffron)'이라는 수필의 서두에서, "이름을 들어도 사람을 모르는 일이 가끔 있다. 사람만이 아니다. 많은 물건들도 그렇다." 라고 하지만 크레송은 그렇지는 않으리라.

잎채소인 크레송은 메이지시대에 유럽에서 건너왔는데 지금은 어느 야채가게에서나 몇 개씩 묶어 작은 부케처럼 만들어 팔고 있는 모습을 쉽게 볼 수 있다. 그러나 들에 자생하는 크레송을 나는 아직 한 번도 본 적이 없다. 무사시노(武藏野)의 마에하라(前原)에 아내와 이사 온 지 얼마 되지 않은 무렵의 일이다.

나는 담석이 생겨 입원했다.

수술로 돌을 제거한 후 상처가 아물기를 기다리며 퇴원했지만, 한동안은 집에서 잠자코 요양해야만 되었다.

아직 추위가 남아있는 봄날, 나는 조심스레 걷기 연습을 위해 거리로 나왔다. 아무래도 복부의 수술부위를 감싸고 걷는 탓에 몸이 자연스레 앞으로 구부러졌다.

그마저도 한 걸음, 한 걸음 뗄 때마다 조심하며 걸어야만 했다. 갑자기 차가 다가와도 순간적으로 피할 수 없기에 안전하게 길 가장자리를 택해 걸어가던 중, 금장원(金藏院)이란 진언종 절 앞에 다다랐다. 이사 온 후 무사시노의 옛 모습이 남아 있는 '하케의 길'이라 불리는 이 근처를 걸어본 적이 없어서 가까이에 이 절이 있는 줄도 몰랐다.

절 모퉁이에 다다르니 나무줄기에 커다란 혹이 달린 수령(樹齡) 몇 백 년일지도 모를 느티나무와 푸조나무가 말 그대로 하늘을 뒤덮을 듯이 우뚝 솟아 있었다. 절 앞을 지나니 길옆에 작은 나무가 심어져 있는 공터가 보였다. 공터에는 진녹색의 수풀덤불이 줄 모양으로 수 미터나 계속 뻗어져 있었다. 가까이 다가가보니 그것은 틀림없는 크레송의 군락이었다.

나는 그때 처음으로 들에 자생하는 크레송을 보았다. 작고 부드러워 보이는 잎들이 겹치듯 무성하게 자라고 있어 줄기 밑동이 잘 보이지 않았다. 그때 잎과 잎 사이로 아주 잠깐 물이 반짝이는 것이 보였다. 눈을 응시해 보니 반짝이는 물 표면이 아른아른 움직인다. 물이 흐르고 있는 게 틀림없다.

크레송은 맑고 깨끗하게 흐르는 물을 좋아해 아마 가까이에 물이 흘러나오는 수원(水源)이 있는 게 분명했다. 그렇게 확신하고 주위를 둘러보니 길을 사이에 둔 맞은편에 오래된 작은 문이 있었다. 문 너머로 숲을 등진 일본식 집이 보였다. 길을 건너 그 집 나무 울타리를 따라 걷다 보니 마당 한 모퉁이에 이끼로 뒤덮인 다다미 한 장 크기의 돌로 둘러싸인 우물이 있었다. 물이 가득 차서 넘치자 울타리를 따라 흘렀다. 그 물이 길가 밑 지하수로를 통해서 공터로 흘러가고 있는 것이리라.

작은 발견으로 마음이 설레고 두근거렸다. 그리고 돌로 둘러싸인 얕은 물 바닥을 바라보았다. 빛이 맑은 물 바닥을 뚫고 지나쳐 물가에 있는 작은 돌멩이와 낙엽이 또렷하게 보인다. 이렇게 조용한 물 속 한곳에 마치 작은 생물이 흙 속에서 튀어 오르듯 물 바닥의 흙과 모래가 솟아오르는 곳이 있었다. 그래! 여기가 바로 말로만 듣던 '하케의 길'에 있는 샘물이구나. 솟아오르는 물이 자잘한 흙과 모래를 물속에서 춤추게 하고 있다. 나는 그 미세한 춤에 저절로 끌려들어갔다.

왜 '하케의 길'에 샘물이 나오는 걸까? 그 이유를 어디선가 읽은 적이 있다.

아주 옛날, 고쿠분지(国分寺)에서 코가네이(小金井)에 걸친 이 지역의 지표에 거대한 단층이 생겨 단층 사이로 지하수가 스며 올라온 것이 샘물이란다. 하지만 이런 이유만으로 사람들을 이토록 매료시킬 수는 없을게다. 그건 아마도 이렇게 쉼 없이 춤추는 흙과 모래가 만드는 침묵의 춤이 몇 만 년일지도 모를 영겁을 지나 살아 숨 쉬어 온 대지가 우리에게, 자연의 웅대한 변용(變容)중의 미세한 결과라는 걸 생생하게 가르쳐 주기 때문 일게다.

아니, 그렇게 힘줘 말할 필요는 없다. 나처럼 우연히 산책하던 사람이 이 가련한 발레에 시선을 멈추고, 잠시 스쳐가는 관객이 된다면 그것으로 족하다.

나는 물 바닥을 응시하다가 나처럼 관객이 된 시인, 롱사르(Pierre de Ronsard)가 떠올랐다. 먼 옛적 프랑스 르네상스시대를 살았던 그는, 당시 궁중 최고의 시인이었고 사랑을 노래한 시는 특히 궁 안의 여자들을 사로잡았다. 하지만 한편으로 그는 자연의 생명에 감응하는 감성이 풍부한 시인이기도 했고, 루아르(Loire)강이 흐르는 고향의 들과 숲을 걸으며 눈에 들어오는 자연의 풍광을 보고 그 감동을 시로 표현하기도 했다.

내가 기억한 것은 긴 시의 일부지만, 거기에서 롱사르는 숲 속에서 만난 샘물을 노래하고 있었다.

> 여러 샘이 모래땅을 부글부글 솟아오르게 하고
> 진주조개를 차례차례 밀어 올리며,
> 샘 주위의 돌 조각들을 여러 실타래 모양으로,
> 회색, 빨강, 황색 그리고 푸른색으로 물들이고 있구나.

인상적인 것은 진주조개다. 거기에 이 4행의 생명이 들어있고 롱사르가 이 샘물을 보고 맨 처음 모래 바닥에서 솟아오르는 물의 모습에 마음을 빼앗겼다는 것을 알 수 있다. 그 감동이 그의 눈을 맑게 하여 물의 질감까지도 느끼게 한다. 이 짧은 4행에서 르네상스라는 시대의 활기찬 생명력이 봄의 색채와 함께 전해지는 것 같고, 이것은 '하케의 길'에서 솟아오르는 샘물과는 다른, 찬란한 봄을 그린 그림의 한 장면을 보는 것 같다.

며칠이 지나 나는 아내를 따라 크레송이 군생하고 있는 곳에 가보았다. 우리들은 싱싱한 크레송을 듬뿍 뜯어 왔다. 아내는 그것으로 샐러드를 만들어 산미를 살린 드레싱을 뿌렸다. 입에 넣으니 부드러운 식감이 잠시 나를 행복하게 했다. 아내는 그런 나를 보며 만족해했다. 그렇게 크레송은 때때로 우리 집 식탁을 장식하게 되었다.

그 후 30년이 지났다. 나는 갑자기 아내를 잃었다. 그리고 지금도 무사시노의 같은 집에 홀로 살고 있다. 예전에는 그 '하케의 길'이나 들판을 흐르는 시내의 둑을 따라 아내와 자주 걸었지만 혼자가 되고나서 완전히 발길을 끊게 되었다.

봄이 다가오면 길가의 집집마다 베란다와 정원에 오색찬란한 꽃들이 경쟁하듯 피기 시작한다는 것을 알고 있다.

어느 길, 어디쯤에 조팝나무와 목련이 있고, 맨 먼저 흰 꽃이 피는지도 알고 있다. 그러나 아무리 길가에 꽃이 피어도 내게는 가까이 갈 수 없는 가시나무 길이다. 이번 겨울은 유난히도 추위가 매서웠다. 그러나 그 매서운 추위에 견디는 것이 어쩌면 감정을 억누르고 살아가는 것을 도와준 셈인지도 모르겠다.

봄이 되어도 몸담고 있는 대학에서 교무에 쫓기고 있는 것이 오히려 다행이었다. 이윽고 짧은 봄방학이 왔다. 나는 교무로부터 해방되어 한숨 돌렸지만, 봄빛이 울적하여 온종일 집에 틀어박혀 있다. 춘분이 다가왔다. 나는 마음먹고 '하케의 길'에 갔다.

크레송은 흔적도 없이 모습을 감춰버렸다. 우물도 사라졌다. 분명히 이 위에 샘터가 한 곳 더 있었다. 들 개천은 솟아나오는 물이 있어 살아 흐르는 시내지만 여름에는 물이 메말라 참혹하게 강바닥을 들어내는데 이건 보통 일이 아니다.

나는 이 땅을 사랑했던 서양화가가 전에 살던 집인 화침암(花侵庵)까지 가보기로 했다. 몸을 구부려 문을 빠져나가 꾸불꾸불 이어진 오솔길을 올라가니 절벽을 따라 잡목이 그늘진 고색창연한 연못이 있었다. 연못은 탁해 보였지만 가운데쯤에서 간신히 물이 수면위로 솟아올라와 사방으로 흩어지고 있는 것이 보였다.

샘물은 살아 있었다. 나 자신마저도 새 생명을 구제받은 느낌이었다.

모리 오가이의 '사프란'을 빌려 말한다면, 이것이 나와 크레송의 작은 역사다.

『文學界』 6월호에서

| **작가소개** | .호카리 미즈호 (保苅瑞穗, 1937년,12월~)
프랑스 문학자, 도쿄출생, 도쿄대 불문과 졸업. 도쿄대 정교수 퇴임.. 주로 프루스트와 몽테뉴 연구. 『프루스트 · 꿈의 방법』, 『도망가는 여자 프루스트』, 『프루스트 독서의 즐거움』, 『포레를 둘러 싼 시인과 소설가』.

* 무사시노 (武藏野) : 일본 도쿄도〔東京都〕에 있는 도시.

* 사프란(saffron) : 외떡잎식물. 백합목 붓꽃과의 여러해살이풀. 봄에 피는 종과 가을에 피는 종이 있는데, 봄에 피는 종을 크로커스, 가을에 피는 종을 사프란이라 구분함. 유럽남부, 소아시아가 원산. 요리, 약용, 머리염색제로 사용.

* 론사르: '프레이아드 파'의 중심인물로 '詩人들의 君主'-le prince des poètes」라 칭해졌다.

나의 학력(學歷)

내 저서 후미 등에 있는 약력 란에는 대학중퇴라고 기록되어 있다. 오십 세 이상 소설가 중에는 대학중퇴한 사람이 상당히 많은 듯하다. 모두들 나름대로 이유는 있지만, 내 경우에는 큰 병을 앓고 난 뒤 몸이 쇠약해져 바로 회복되질 못한데다, 부모님이 이미 돌아가셔서 학비를 마련할 수가 없었기 때문이다.

소설가에게는 학력이 특별히 필요하지도 않고 아무도 학력을 묻지도 않는다. 뛰어난 작품을 쓰느냐 못쓰는가가 중요하지, 나머지는 전혀 관계가 없다. 나도 소설가들의 세계에 들어간 이래 자신의 학력 같은 건 의식해 본적이 없었다.

그런데도 사회생활을 하다보면 새삼스럽게 자신의 학력을 생각해보게

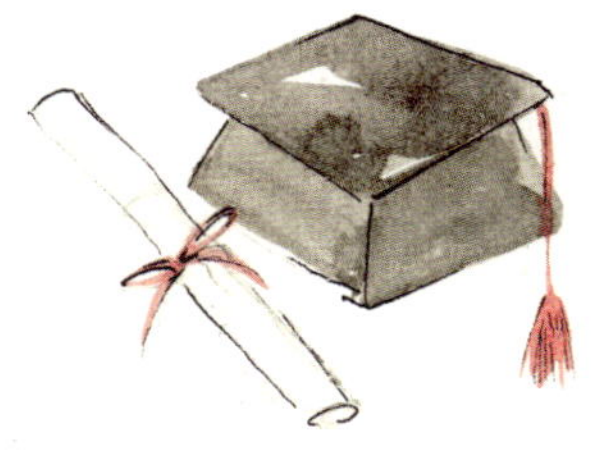

된다.

강연 부탁을 받고 이야기를 시작하기 전에 청중들에게 강사소개가 있다. 때로는 사회자가 대학중퇴라고 하지 않고 '대학을 마치고'라고 소개를 하기도 한다. '마치고'라는 것을 한자로는 '卒'로 표기하는데 사실과는 다르다.

그래서 나는 강연 서두에 "졸업이 아니고 중퇴입니다"라고 오해하지 않도록 말하곤 한다. 아마도 사회자는 중퇴라고 하면 왠지 지장이 있지 않을까 생각하는데 소설가인 나로서는 그런 배려는 전혀 필요가 없는 것이다.

수년 전의 일이다. 중퇴한 대학으로부터 의뢰를 받아 학장, 교수들과 지방에 강연여행을 가게 되었다. 대학의 모든 졸업생들로 구성된 교우회 주최로 나는 그 대학에 재적한 적이 있는 소설가로서 초청을 받았다.

여행 중 차안에서 학장, 교수, 이사들이 교우회의 행사에 대하여 잡담을 하였는데 나는 전혀 내용을 알지 못했다. 그런 내 모습을 눈치 챈 이사 한 분이 "행사 안내문을 보지 못하셨습니까?"

라고 의아스럽게 물었다.

"안내문 같은 건 전혀 받지 못했습니다"라고 대답했더니, 이사가 갑자기 생각난 듯이 "아! 중퇴였죠?"라고 높은 톤으로 말했다.

나도 겨우 상황을 파악하게 되었다. '중도 퇴학자' 인 나는 그 회의 회원 자격이 없고 물론 졸업자 명단에도 기재되어 있지 않았다. 그런 내가 교우회 주최 강연회에 초청되어 대학 최고 책임자인 학장들과 강연을 한다는 것은 생각해보면 묘한 일이었다.

그렇지만 이것도 소설가에게는 학력불문이라는 것을 인정받고 있는 증거로 기분이 좋았다.

나 스스로는 대학중퇴라고 하는 학력에 아무런 감흥도 없지만, 때로는 어정쩡한 학력이란 것을 느끼곤 한다. 나는 구(舊)학제 중학교를 졸업하고 태평양 전쟁이 끝난 후, 구 학제 사립 고등학교에 입학했다. 그런데 8개월간 학교를 다니다가 병이 났다.

병이 나은 후에 학제 개편으로 그 고등학교가 대학으로 승격하게 되어 대학생이 되었다. 3년간 대학교를 다니다가 중퇴하게 되었다. 즉, 분명히 졸업한 것은 구 학제 중학교뿐이고, 구 학제 고등학교도 대학도 중퇴인 것이다.

사회적으로 나의 학력이 어디에 해당되는지 확실하게 알게 된 것은 4년 전 국세(國勢)조사 때였다.

아이를 데리고 온 주부 조사원이 집에 들러 조사표를 두고 갔다. 가장으로서 당연히 정확하게 기재할 의무가 있어 각 항목별로 써나갔다.

가족 학력 란이 있었는데 대학, 단기대학, 고등학교, 중학교, 초등학교 졸업 또는 재학 중의 해당부분에 검정 선을 굵게 긋게 되어 있었다. 아내는 단대, 아들은 대학, 집안일 도우미 아주머니는 고등학교를 각각 졸업, 딸은 대학 재학 중으로 해당 부분에 선을 그었다.

그러면 나는 어디에 선을 그어야 할까 ?

주의사항을 꼼꼼히 읽어보고 조사표를 살펴보았다. '중퇴'라는 항목은 없어 나의 고교, 대학 중퇴 학력을 나타낼 방법이 없었다. 그렇다면 그 조사표로는 내 학력이라 말할 수 있는 것은 중학교 졸업뿐이었다.

나는 황당하기도 했지만 냉엄한 현실을 엄중하게 받아들일 수밖에 없다는 생각이 들어 '중학교 졸업'란에 선을 그었다.

가정 내에서는 가장으로서 폼을 잡아도 학력 면에서 만은 내가 가장 밑이다.

그 조사표를 본 아내는 빙긋이 웃음을 지었다. 나도 웃었다. 수일 후 다시 방문한 조사원 아주머니에게 아내는 "수고 많아요!"하고 조사표를 건넸다.

그러나 나로서는 고교 재적 8개월간, 그 후 병상에서의 3년간, 중퇴까지 대학 재적의 3년간이 가장 소중한 시간으로 생각된다. 열심히 독서를 하고 특히 병상에 있었던 때는 여러 가지 많은 것을 생각하게 되었다. 이어서 국가로부터는 정식으로 인정받지는 못했지만 나의 학력은 그 기간이야말로 가장 중요한 때다. 사회에서는 일반적으로 회사 입사시험 자격에도 있듯이 학력이 하나의 기준치가 되어 학교를 졸업한 후, 그것을 어떻게 살리느냐에 따라서 그 사람이 세상에서 삶을 살아가는 의미를 담고 있다.

'학력 불용(不用)'이라고 제멋대로 생각하고 있는 건 아니다. 나도 가능했다면 졸업을 하고 싶었지만, 형편이 허락지 않아 어쩔 수가 없었다.

나의 경우 대학중퇴라는 학력은 공인된 것이 아니고 정확하게는 중학졸업이라고 해야만 되는 것일까?

- 권두수필 『문예춘추』에서 발췌

| **작가소개** | 요시무라 아키라(吉村昭) (1927-2006).

· 도쿄출생. 소설가. 학습원(学習院)대학 국문과 중퇴, 부인도 『완구(玩具)』로 아쿠타가와상(芥川賞)을 받은 소설가인 쓰무라 세츠코(津村節子), 10대의 어린 나이에 부모님을 잃고 자신도 폐질환의 수술과 그 투병생활에 의해 문학관(文学観)에 지대한 영향을 받았다. 예를 들어 『철교(鉄橋)』,『별에의 여행』으로 다자이후상(太宰治賞)수상. 『전함무사시(戦艦武蔵)』로 기록문학에 신경지를 개척했다. 『관동대지진(関東大震災)』으로 1973年 키쿠치 칸상(菊池寛賞)수상. 이후 현장, 증언, 사료를 주도하게 취재하여 치밀하게 구성한 다채로운 기록문학, 역사문학의 장편을 차례로 발표함. 『차가운 여름, 뜨거운 여름(冷い夏 `熱い夏)』으로 마이니치(毎日)예술상.『파옥(破獄)』으로 요미우리 (読売)문학상. 『텐구쟁란 (天狗争乱)』으로 오사라기지로상(大佛次郎賞)수상. 일본예술원회원.

카메라맨의 죄

이런 말을 하면 잘난 척 한다고 생각하는 건 알고 있지만 이렇게 서두를 꺼내지 않으면 이야기가 진행되질 않는다.

전신미용사가 내게 이런 말을 한 적이 있다.

우리 집에 오는 손님 열분 중 아홉이 "하야시 마리코 씨는 성형한 거죠?" 라고 물어봐요.

정말 고마운 말이지만, 실제로 나를 보면 그렇지 않다는 걸 금방 알게 될 것이다. 일주일에 한 번씩 다나카 유쿠코(田中宥子)선생이 직접 조형(造型)마사지를 해 주어 주름이나 얼굴 처짐은 적은 편으로 보이지만 만나보면 그냥 아줌마다. 굳이 말하자면 작금(昨今)의 컴퓨터 기술 덕이 크다고 할 수 있다.

참으로 요즈음의 사진이란 게 그렇다.

"어머~ 이렇게 해 주셔도 괜찮은 건가요?"라고 말하고 싶을 정도로 수정해 준다. 주름 같은 건 모두 컴퓨터로 없애주고, 게다가 피부 톤까지 멋지고 완벽하게 처리한다.

특히 여성잡지 화보 촬영 카메라맨들은 여성을 아름답게 찍는 점에는 가히 천재적이다. 나처럼 말 많은 중년여성들에게 단련되어서 반사광을 이용한 조명도구인 레프 판(reflector board)이나 라이트를 구사해서 아무튼 아름답고 날씬하게 보이도록 촬영해 준다.

진심으로 늘 고맙습니다.

여성잡지 화보에서 웃고 있는 나는 내 자신이 봐도 완전히 다른 사람이다. 남편은 자주 "이거 사기 아니야?" 라며 어이없어 한다.

어찌됐든 미인으로 찍어주었으면 좋겠다. 이런 집념이나 바람은 여배우나 탤런트들의 전매특허가 아니다. 여성문화인이라고 불리는 사람들도 마음에 드는 카메라맨이 있으면,

"저 사람으로 해 주세요." 라고 지명하는 경우가 있다. 그렇다. 예쁘게 찍어 준 사람의 이름은 반드시 기억하고 있기 마련이다.

지금으로부터 18년 전의 일이다. 왜 그리 확실하게 기억하고 있냐 하면 결혼 직후로 치아교정을 막 시작했을 때였기 때문이다.

요즘에는 어른들도 치아교정을 흔히 하지만 내가 시작할 무렵에는 주변에 아무도 하는 사람이 없었다. 내 얼굴이 살짝 변했다는 말을 듣는

것도 바로 치아교정이 첫 번째 이유라서,

"어른이 3년간 꼴사나운 브리지를 하고 다니는 게 참으로 괴로웠다!" 라며 나도 모르게 쓸데없는 말을 해버렸다.

아무튼 18년 전 치아 브리지로 굉장히 비참한 상태인 내게 뜻밖에 '카트리느 도누부와 대담(對談)'하는 일이 들어왔다.

카트리느 도누부는 지금도 아름답지만 18년 전엔 그야말로 미(美)의 광채가 최고로 풍길 때였다. 그런 미인과 막 앞니에 브리지를 한 내가 어째서 만나지 않으면 안 되는 걸까!

실제로 도누브는 내게 흥미도 호의도 전혀 갖지 않았고,

"흥 대여배우인 내가 뭣 때문에 극동에 위치한 일본에서 전문가도 아닌 풋내기 젊은 여성과 만나지 않으면 안 되나요?" 라는 태도가 뻔히 보였다.

촬영은 시노야마 키신(篠山紀信)선생. 도누브를 위해 거물급이 행차한 셈이다. 처음에는 별 말 없이 시노야마 씨를 대하고 있던 도누브였지만 폴라로이드 카메라를 한동안 뚫어지게 보다 잠시 생각하더니 말을 건넸다.

"다음 도쿄에 올 때 연락할지도 모르니까 당신 전화번호 가르쳐 주실래요."

역시 대여배우다. 폴라로이드 카메라로 시노야마 씨가 어떤 카메라맨인지 금방 간파한 것이다.

그런데 카트리느 도누부와는 비교도 되지 않는 나였지만 역시 사진에는 신경이 쓰였다. 이상하게 찍히기라도 한다면 정말 화가 나서 참기 어

려울 것 같았기 때문이다.

바로 얼마 전의 일이지만 신문에 게재할 커다란 사진을 찍었다. 최근에 발간한 책의 인터뷰 기사내용이다.

완성된 사진을 보고 나는 격분했다. 비스듬히 옆으로 찍어서인지 너무 뚱뚱해 보였다.

"뭐야, 이 사진! 그 젊은 카메라맨 녀석!"

쫙쫙 찢어버리고 싶은 심정이다.

"대체로 말이야, 신문사 계열 카메라맨들은 예쁘게 찍으려는 마음은 눈곱만큼도 없는 것 같지 않아? 아무렴 여성잡지만큼 나오게 해달라는 생각은 추호도 없어, 그래도 그렇지. 여성을 촬영한다면 최소한의 매너라는 게 있는 거잖아? 이렇게 뚱뚱보로 찍다니…. 에이~ 진짜 너무 했어."

그랬더니 옆에서 항상 쿨~한 하다케야마가 이렇게 말을 한다.

"하야시 씨! 뚱뚱하게 나온 게 아니에요. 있는 그대로죠. 다만 하야시 씨가 좀 뚱뚱할 뿐이에요"

잠시 어이가 없었다. '얼마나 심한 말인가! 하다케야마, 당장 해고시켜 버릴 거야'라는 생각을 했을 정도였다.

그런데 그녀의 말에 충격을 받아 생각을 바꾼 것도 사실이다.

그로부터 쭈~욱 다이어트 생활. 먹는 것도 조심하고 매일 아침 옆집 아줌마와 함께 공원을 세 바퀴씩 열심히 돌고 있다.

오늘 처음으로 가압식 헬스클럽에 다녀왔다. 대유행인 가압식 트레이

닝이지만 지금까지 너무 아플 것 같아 해볼 엄두가 나질 않았다. 그런데 오늘 양팔과 허벅지에 튜브를 감고 로봇이 된 나는 필사적으로 몸을 움직였다.

그래, 여름까지 완전 다른 사람이 된 걸 보여 줄 거야!

"전화위복(轉禍爲福)"

이 말이 떠오르지만, 뚱뚱하게 촬영한 카메라맨. 당신을 절대 용서하지 않을 겁니다!

여성문화인은 이럴 때 진짜 집요하거든요!

-『최초의 남자는 시안(試案)』에서 발췌

| **작가소개** | 하야시 마리코(林 眞理子).

1954년 야마나시현(山梨県) 출생. 일본대학 예술학부 졸업. 카피라이터를 거쳐 작가 활동을 시작. 경쾌하고 솔직한 필체로 일본 젊은 여성들 사이에서 무라카미 하루키에 버금가는 큰 인기를 얻고 있다.

1982년 에세이집『룬룬을 사서 집으로』가 베스트셀러가 된 후 1986년『막차 시간에 맞춰 탄다면』,『교토까지』로 나오키 상을 수상했다. 또한 1995년『백련꽃 뚝뚝』으로 제8회 시바타 렌자부로 상을 수상했으며, 1998년『모두의 비밀』로 제32회 요시가와 에이지 문학상을 수상하는 등 각종 문학상을 휩쓸었다.

주요 저서는『포도 이야기』,『운 좋은 여자가 되다』,『책 읽는 여자』,『여류 작가』,『기분 나쁜 열매』,『코스메틱』,『기모노를 둘러싼 이야기』등이 있으며, 현대소설, 역사소설, 수필 등 다양한 분야에서 예리한 필체로 폭넓은 작품 활동을 펼치고 있다.

테이블 코디네이터

만화가인 사이몬 후미씨로 부터 린(林)씨를 소개받은 것은 지금으로부터 4년 전이다.

보통은 나처럼 '하야시'라 하는데 그게 아니라 '린'으로 발음한단다. 그녀는 지점을 몇 개나 가진 초 유명 중식 레스토랑의 마담이다. 원래는 소학관(小學館)의 편집자였는데 '미식가'라는 코너를 담당하면서 중화요리계의 대부이자 오너인 린씨와 알게 되었다. 아름답고 총명한 그녀에게 한눈에 반해 린씨의 구혼으로 그들은 결혼에 이르게 되었다. 이 일로 린씨는 여성 편집자로는 아주 드물게 '신데렐라'가 된 장본인으로 널리 알려졌다.

그런 경력을 가진 그녀로부터 식탁전(食卓展)에 출품해달라는 권유를 전부터 여러 번 받았다. 20명 정도의 출품자들이 독자적 테이블 코디네

이트를 하여 관객들에게 보러오게 하고, 그 입장료 수익을 난민구제에 기부한다는 점이 무엇보다 인상적이었다.

'테이블 코디네이트…' 라는 것이 나로서는 미지의 분야다. 돈 많고 센스 있는 사모님들의 취미생활이라는 느낌이다.

『카테이가호(家庭畵報)』나 『미세스(ミセス)』 등 고급 여성잡지의 앞부분에 컬러사진으로 테이블 코디네이터들이 자주 등장한다. 초보자인데도 놀랄 정도로 멋들어진 테이블을 만들어 낸다.

그런데 그런 잡지에 나오기 위해서는 우선

첫째. 식기에 조예가 깊고 많이 가지고 있어야 한다.

둘째. 꽃에 대한 지식과 꽃꽂이에도 일가견이 있어야 한다.

셋째. 색감에 대한 센스가 좋아야 한다.

넷째. 배경이 되는 멋진 집에 살고 있어야 한다.

… 등등, 여러 조건을 필요로 한다. '테이블 코디네이터'라는 것은 그야말로 여성의 삶의 집대성이라고도 말할 수 있으리라. 단적으로 말하면 가난뱅이인 나와는 전혀 인연이 닿지 않는 세계다.

그래도 갑부인 린씨가 몇 차례나 권했다.

"있잖아요, 하야시씨! 출전 부탁해~요. 제가 뭐든지 도와드릴게요. 하야시씬 식기만 빌려주면 된다니까요."

"그렇게 말씀하셔도 저는 너무 바빠서 전혀 짬을 낼 수가 없어요." 라고 말하며 거절하길 3년. 그런데 린씨로부터 가끔 그녀의 레스토랑에서 맛있는 상어 지느러미와 상하이(上海)게를 대접받았다. 음식대접에 약한 나는 그만 OK를 하고 말았다.

"하야시씬 어떤 식기를 가지고 있나요 ? 어떤 테이블을 만들고 싶으세요?"

"글쎄요, 『빨강머리의 앤』 이미지라면 어떨까요?"

지금으로부터 20년 전의 일이다. 나는 잡지 취재로 '프린스 에드워드 섬'을 방문한 적이 있다. 이 섬은 『빨강머리의 앤』의 무대가 된 곳으로 전 세계에서 앤의 팬들이 몰려든다. 그곳 잡화점에서 나는 너무나 귀여운 커피 컵과 접시 세트를 발견했다. 웨지우드의 엔틱으로 청색이 지금보다 훨씬 부드러웠다. 그렇게 비싸지 않았기에 곧바로 사서 골판지 상자에 넣고 단단히 포장하여 소중히 안고 가져왔다.

"그 식기를 사용하면 어떨까요. 테이블 크로스는 푸른 격자무늬 무명천으로 하면 어울릴 것 같네요."

그런데 그때까지 나는 이 식탁전을 가볍게 생각하고 있었다. 적당하게 식기와 꽃을 장식하면 되지 않을까. 어차피 초보자가 하는 것이니까….

그런데 여태까지 해왔던 행사 팸플릿을 보고 깜짝 놀랐다.

여러분, 이건 그야말로 너무나 멋들어진 테이블 코디네이트가 아닌가!

각국 대사부인들도 많이 출품하였고, 모두들 테마에 맞춰 정성에 정성을 들인 최상의 코디네이트를 하고 있었다. 그중에는 이 날 하루를 위해 식기를 손수 만드는 사람도 있었다. 무엇보다 단 하루 동안 호텔 연회장에 2천 명이 넘게 관객이 몰려든다는 건 엄청난 일이 아닌가!

볼런티어로 운영위원을 하고 있는 린씨는 사전협의차 들려서 일을 척척 결정해 나갔다.

"하야시씨, 테이블 크로스는 어떻게 할 생각이세요? "

"글쎄요, 신주쿠의 오카다야에 가서 격자무늬 무명천을 사오려고 생각하는데요."

저 재봉틀이 없는데 자른 채로 그냥 해도 되지 않을까요.

"아니죠. 그건 절대 안 되죠!"

"테이블 크로스는 마(麻)가 아님 안 돼요. 제가 전문점에 가서 주문할게요. 크로스 가장자리에 엔틱 레이스를 달자고요."하며 그녀가 중요한 점을 지적해 주었다.

"하야시씨, 팸플릿에는 '세 사람의 티 파티'라고 쓰여 있는데 커피 잔은 두 세트밖에 없네요."

"아~ 어쩌죠! 그건 어떻게 대충 좀 지나가줘요."

내가 어찌할 바 몰라 허둥대고 있을 동안, 과연 음식 전문가이자 전 유명 편집자답게 용케도 한 세트를 해외 옥션에서 구해주었다.

그리고 행사 전날에 식기를 장식하러 전시회장에 간 나는 주위의 테이블이 예상을 뛰어넘는 멋지고 대규모여서 깜짝 놀랐다.

"아니, 여기는 무슨 천재 꽃꽂이 선생 카리야자키 쇼고(假屋崎省吾)전시회인가!"

벚꽃과 명자나무 큰 가지가 옮겨오고, 병풍을 사용하기도 하고, 특별주문 제작된 의자, 테이블도 마련되고 있었다. 그걸 보니 너무나도 작고 소박한 내 테이블.

친구인 하나 치요짱이 볼런티어로 귀여운 야생화를 꽃꽂이 해주었다. 지인의 지인인 케이크 선생님이 파이와 쿠키를 구워주셔서 그걸 장식했다.

여러분, 너무 감사합니다. 나 같은 사람도 어찌어찌하여 겨우 할 수 있었습니다.

그렇다고는 해도 그런 상류층 분위기에 완전 긴장한 나.

왕세자비가 테이프 커팅을 하고, 운영위원들은 하나같이 아름답고 품위 있는 멋진 슈트를 입고 계셨지요. 그곳에서 공용어는 영어였고 모두들 자연스럽게 대화를 하고 계셨지요.

'과연 테이블 코디네이트는 그런 세계에서 가능한 취미구나' 라는 생각이 새삼스레 확실해진 저입니다.

역시 저와는 인연이 없어 보이네요.

하야시 마리코(林 眞理子) 작 / 『최초의 남자는 시안(試案)』 에서 발췌

히다(飛騨)에서 만난 삶과 인생

일본 전국 여러 곳을 다녀보았지만 한군데만큼은 아직 가보지 못한 곳이 있다.

그곳은 히다 다카야마(高山)다. TV 여행프로그램이나 잡지에서 볼 때마다 한 번 가보고 싶다는 생각이 들었다. 그런데 여태껏 기회가 없던 터에 이 나이에 웬일인가! 어느 날 강연의뢰가.

"갑니다. 꼭 갑니다."

"그런데 하야시 씨, 일요일인데요?" 라는 하타케야마.

남편이 집에 홀로 있게 되면 시끄럽기에 토, 일요일은 기본적으로 스케줄에서 제외하고 있다.

"그래도 가고 싶네요. 히다 다카야마에는 아직 가본 적이 없잖아요.

억새로 두껍게 엮은 맞배지붕의 전통가옥인 갓쇼 즈쿠리(合掌造り)가 아주 멋진 곳 같은데요?"

"그런데 하야시 씨, 주최 담당자는 눈이 많이 오면 못 올 수도 있으니 전날 와서 숙박하길 바라거든요."

"3월 중순인데 눈으로 비행기가 결항되는 일은 없잖아요. 괜찮아요. 당일치기로 할 거예요."

하타케야마는 주최 측 담당자와 상당히 옥신각신한 듯하다.

강연회가 점심 직후부터여서 비행기로는 도저히 시작 전에 닿을 수 없다며.

"신칸센으로 오시길 바란답니다."

"에~ 그래요? 아홉시쯤 비행기로 가면 어느 곳이든 점심때면 도착하잖아요."

길치인 주제에 고집을 피우는 내게 하타케야마는 무표정하게 설명을 계속 한다.

"그래도 하야시 씨, 아홉시 비행기로 도착하면 열시 반. 택시로 도야마공항에서 두 시간 가까이 걸린다니까 역시 무리여요."

"그럼 어떡하면 되죠?"

"6시 50분 신칸센을 타고, 나고야에서 갈아타면 되요. 그래야 겨우 가능하답니다."

그러나 시간이 갈수록 아침 6시 50분 신칸센을 타는 것이 겁이 났다. 여러 사람에게 물어봐도 히다 다카야마를 당일치기로 다녀온다는 건 들어본 적이 없다고 한다.

나는 점점 자신이 없어져 역시 전날 가서 하룻밤을 묵기로 했다.

남편이 뭔가 기분이 좋아 보여 이야기를 꺼냈더니, 토요일에 외박해도 상관없다 하니 맘이 한결 가벼워졌다. 덕분에 일요일 오전은 완전히 내 시간을 가질 수 있게 되었다. 제법 관광을 할 수 있을 것 같다.

그래서 토요일, 신칸센으로 나고야까지 가서 다카야마 본선으로 갈아탔다. 철도여행 좋아하는 소녀처럼 지방 로칼선을 타 보는 건 생각만 해도 즐거운 일이다. 험한 협곡을 지나는 이 노선의 비경은 각별해서 초봄이라고 하기엔 산의 정경이 조금 이르긴 해도 어딘가 봄기운이 느껴진다. 도쿄에서 나고야까지 두 시간, 나고야에서 다카야마까지는 두 시간

반의 열차여행. 다카야마에 도착했을 때는 이미 해가 저물 무렵이었다.

밤에는 호텔의 이자카야(선술집)에서 주최 측 관계자들이 불똥꼴뚜기(ほたるいか)회와 히다 소고기를 대접해 주셨다. 다카야마는 미주(美酒)의 고장으로 향토주도 상당히 맛이 좋다. 마지막으로 나온 다카야마 라면은 꾸불꾸불한 면발에 간장 스프. 근래 2, 3년 동안 전국적으로 엄청난 히트를 쳤다.

다카야마란 도시, 거리의 크기는 물론이고 멋진 호텔에도 내심 놀랐지만 그보다 더 놀란 것은 한 장의 포스터였다. 호텔 관계자가 포스터를 가리키며 말했다.

"이건 여배우 ○○ 씨가 막 데뷔했을 무렵, 우리 호텔의 이미지 모델이 되어 준 겁니다."

실례가 될지 모르겠지만 완전 딴사람처럼 보였다. 사람의 과거는 뜻밖의 엉뚱한 곳에서 알게 된다는 것을 새삼스럽게 느꼈다.

다음 날은 함께해 줄 사람이 아무도 없었기에 관광택시를 3시간 빌려 혼자서 나섰다.

먼저 유명한 새벽시장을 어슬렁어슬렁 돌아보았다. 이어 다카야마 명물인 빨간 순무 저림과 막과자, 그리고 내가 아주 좋아하는 싱싱하고 연한 머위줄기를 샀다. 새벽시장 판매원들은 할머니들이리라 생각했는데 그렇지도 않았다. 중년 아주머니들이 대부분이고, 그중에는 아저씨도 더러 있었다. 모두 텐트를 치고 물건을 가지런히 늘어놓고 있었다.

"우리 집에서 직접 만든 거예요 !" 라고 말은 하는데 야채 저림이든 뭐든 모두 비닐 팩에 담아 포장되어 있어 실망했다.

"어딘가 공장에서 일괄적으로 만든 건가요?" 라고 택시 기사에게 물었더니, "아뇨, 모두 자기 집에서 손수 만든 겁니다. 최근에는 위생검사가 까다로워져서 모두 자기 집에서 팩을 해서 오지요."라고 한다.

제대로 알지 못하면서 괜히 의심했구나. 반성했다.

그런데 다카야마에서는 나의 지명도가 없어보였다. 커피를 마셔도, 가게에 들어가도 누구하나 알아보거나 말을 걸어오는 사람이 없다. 여느 때라면 전혀 신경도 쓰지 않지만, 이런대도 오늘 강연회에 사람들이 와 줄까 라는 걱정이 되었다. 주최 측 담당자 말로는 티켓은 발매 즉시 긴 행렬을 이뤄 완전 매진되었다고 하니 참으로 신기했다. 도대체 어디의 누가 와 줄건 가.

그건 그렇고 다카야마는 정말 춥다. 따뜻한 도쿄에서 왔기에 얇은 반코트 차림이었다. 나는 어느 가게 앞에 진열되어 있는 1,500엔짜리 숄을 샀다. 그 때 처음으로 나를 알아보았다. 그런데 나의 명성에 대해서가 아니었다.

"후지와라 라고 아세요?"

그는 고교 동급생으로 럭비 스타였다.

"클래스메이트였거든요. TV에서 함께 나온 걸 본 적이 있어요."

가게 앞에서 과자를 팔고 있던 중년 남성이 말을 걸어왔다.

"나는 와세다대에서 그 친구와 동급생이었어요.".

이럴 때 상대의 정체에 대해 알고 싶어지는 것이 작가의 나쁜 습관이다. 정말 실례인줄은 알지만 와세다대를 나온 분이 어째서 다카야마의 새벽시장에서 과자나 팔고 있는 걸까!

“여기로 돌아와 가업을 이으시는 건가요?”

“아뇨 태어난 곳은 아니지만, 이러저런 사정이 있어서…” 라며 더 이상은 말을 하지 않는다. 나는 돈을 지불하고 무늬가 예스러운 숄을 목에 둘렀다.

뭐랄까 포스타의 여배우와 와세다출신 새벽시장 상인…. 이런저런 삶과 인생을 우연히 조우(遭遇)한 히다 다카야마였다.

하야시 마리코(林 眞理子) 작 / 『최초의 남자는 시안(試案)』에서 발췌

나와 여행

나이 50을 넘어 뒤늦게 겨우 도고(道後)온천에 몸을 담갔다. 나는 장르를 가리지 않고 목욕을 즐기는데 그 중에서도 특히 온천을 좋아한다. 가족이나 가까운 편집자가 나의 예기치 않은 사라짐으로 인해 애를 태울 때가 많다. 그럴 때 난 특별히 나쁜 놀이에 빠진 것도, 일부러 가출한 것도 아니고 책을 잔뜩 메고 살며시 어딘가의 온천여관에 머물고 있는 경우가 많다.

취미삼아 즐기기 위한 것이어서 일거리를 가지고 가진 않는다. 물론 가져간 책 중에는 집필에 필요한 자료도 있지만 원고용지를 지참하진 않는다. 소설가는 일과 취미의 경계가 불명확해서 집필이 일이고, 읽는 것은 취미라고 나 스스로 정하고 마음 편해 한다.

이런 생활을 젊은 시절부터 해왔는데 지금까지 도고온천을 들리지 않았다는 것은 나 스스로도 의외라 생각된다. 대체로 온천 그 자체보다도 온천에서 독서를 하는 것이 취미여서 족적(足跡) 따위는 일일이 생각해 보지 않았다.

일본팬클럽 이사로서 클럽 행사가 있어 마쓰야마(松山)를 방문했지만, 온천 그 자체가 취미가 아닌 나는 도고온천이 마쓰야마 시내에 있다는 것조차 알지 못했다. 호텔에 도착하여 아무 생각 없이 관광지도를 보고 있다 보니 걸어서도 갈수 있을 법한 곳에 '도고온천'이라고 쓰여 있었다. 엄청 횡재한 기분이 들어 마침 시간도 조금 여유가 있기에 곧바로 온천욕을 하러 갔다. 전혀 예기치 못한 일정으로 천하의 명물 온천을 처음 경험해 본 셈이다.

도고의 온천물은 뜨거웠다. 요즘 대부분의 온천에서는 물이 적당히 뜨거울 정도라 미지근한 물로 오랫동안 담그는 것이 일반적이지만, 도쿄의 대중목욕탕을 경험하며 자란 나로서는 온천물이란 저릴 정도로 뜨겁지 않으면 맛이 나질 않는다. 도고온천 물의 질은 담백하고 뜨거웠다. 깜짝 놀라 금방이라도 뛰쳐나갈 만큼 뜨거움에 반해 버렸다.

나의 온천욕법은 열탕에 오래 담그는 것이다. '앗~뜨거!'하며 숨이 끊어질 것처럼 될 때까지 열탕에 담그다 나와 찬바람을 쏘이기도 하고, 찬물을 끼얹기도 하며 몸을 식힌 후 또다시 열탕에 들어가길 반복하는 것이다. 의학적으로는 최악의 온천욕법일 것이다.

이런 온천욕을 하다보면 이런저런 남정네들이 과객처럼 내 앞을 지나가기도 한다. 아무 연고도 없다는 게 오히려 깔끔한 기분이 든다. 상대를 골라가며 좋아하기보다는 어떤 사람이든 다 좋아하는 것도 나의 천성적인 기질이다. 온천물이 미지근하면 이야기를 오랫동안 하게 되지만, 뜨거우면 대화가 짧게 되어 귀찮지 않고 여러 사람들과 번갈아가며 이야기를 할 수 있어 재미있다.

그러나 이럴 때 나와 취미가 같은 사람들이 있었다. 저릴 정도의 열탕에 몸을 비틀며 금방 나가는 게 아닌가했더니 몸을 식힌 후 다시 열탕에 들어온다. 두 시간이나 같은 온천욕법을 하다보면 긴 이야기를 하지 않을 수 없게 된다.

나는 그의 이름도 모른다. 알고 있는 것은 나와 같은 1951년생으로 미국 뉴저지 주에 사는 순수 미국인이다. 대머리 정도도 아랫배가 처진 것도 나랑 비슷했다. 장시간 온천친구로 그와 나는 짧은 영어와 일어를 섞어가며 이야기를 주고받았다. 어학 레벨도 비슷하게 어눌하다보면 회화는 의외로 자연스럽게 이어졌다.

뉴저지에 사는 미국인 아저씨가 왜 도고온천에서 세련된 온천욕법을 하고 있는지 내막은 이렇다.

그는 꼭 10년 전에 일로 일본에 왔다. 그 때 거래처에서 접대 받은 곳이 하코네(箱根)의 온천이었고 이후 일본의 온천에 반해버렸다.

"It′s a world heritage!(이거야 말로 세계유산이지 !)"라고 큰소리로 말했다.

무엇보다 그는 최근 10년 동안 휴가를 몽땅 일본 온천 순례에 사용해왔다. 이번에도 3주간의 휴가를 얻어 가족 서비스 등은 뒷전으로 미루고 혼자 일본에 와서 시코쿠(四国)와 큐슈(九州) 온천 순례를 하고 있단다.

그의 말에 의하면 일상생활(혹은 인생)에서 온천이 있는 일본인은 그것만으로도 세계에서 제일 호사롭고 세계 제일의 행복한 국민임에 틀림없다고 한다.

역시 구미(歐美)지역에도 온천이 없는 건 아니지만, 내가 알기에는 일본처럼 보편적인 관광지는 아니다. 의료를 목적으로 한 보양지 정도로 물론 세계의 많은 사람들은 일본과 같은 본격적인 온천은 잘 알지 못한다.

"당신은 도대체 어디어디 온천을 몇 군데, 몇 번이나 다녀왔소?"라며 그는 정말 선망어린 표정으로 내게 물었다.

그런 걸 묻는다한들 일본인은 아무도 제대로 대답하지 못할 것이다. 나는 홋카이도(北海道)의 온천부터 손가락을 꼽으며 세어보았다. 하지만 도호쿠(東北)지방의 반 정도에서 세기를 포기하고, "Countless(셀 수 없어)"라고 답했다.

그러자 그는 "다 셀 수 없다고? 넌 정말 행복한 사람이구먼!"

온천이란 일본문화의 보존 장치라고 늘 생각해왔다. 세계에 견줄 수 없는 화산의 분화와 지진이란 재해의 보상으로 일본의 신들로부터 풍부하고 다채로운 온천이라는 보물을 부여받은 것은 아닐까.

그리고 어느 온천여관(溫泉旅館, 온센료칸)에서도 자랑인 일본 정식요리나 전통 향토요리가 준비되어 있다. 일상생활에서 거의 떠나버린 민속의상인 홑겹의 유카타(浴衣)와 방한용으로 두툼하게 솜을 넣어 기모노 위에 입는 탄젠(丹前)도 제공된다. 아파트생활에서 사라져 버린 다다미 위에 작은 이불을 깔고 잠을 잔다.

즉 일본인은 평소에는 서양식의 일상생활을 하고 있지만, 온천에 도착하는 순간 사라져버린 일본의 의식주를 온몸으로 받아들여 자신이 일본인임을 거의 완벽하게 재인식하고 즉각 조상의 전통문화를 회복할 수 있게 된다.

이런 보존 장치를 쾌락과 함께 쉽게 이용할 수 있는 국민은 역시 세계에서 가장 호사롭고 행복하리라.

그렇게 보면 요즈음 전통여관의 계속되는 폐업과 온천지의 궁상은 문화상실의 큰일이라는 생각도 든다.

우리들은 가장 가까이에 있는 위대한 세계유산의 존재에 누구도 신경을 쓰지 않고 있는 건 아닐까?

온천의 위기상황 원인은 세 가지가 아닐까 생각된다.

첫째는 해외여행의 번성이다. 나도 근래 십년동안 몇 번이나 외국에 가게 되어 그만큼 온천에서 여유롭게 보낼 시간이 줄었다. 특히 젊은이들의 감각으로 보면 사실 국내 온천여행보다 해외여행이 월등히 득이리라 생각된다. 쉽게 말하면 도쿄에서 큐슈, 홋카이도 온천에 가려면 같은 비용으로 세계 어디라도 갈 수 있다.

둘째, 단체여행이 줄어들게 되었다. 내가 어렸을 때는 마을 주민자치회, 노동조합 등의 모임이 흔히 있었다. 성인이 된 후로도 한동안은 회사의 사내여행이란 행사가 어디에도 있었다. 국민전체의 의식이 단체에서 개인으로 바뀌어 버려 단체 여행객에 의존하고 있던 대형여관이 텅텅 비어버리게 된 것은 당연한 결과라고 말할 수 있다.

셋째로는 오락의 다양화다. 일 년에 두 번 온천여행만이 즐거움이었던 옛날과는 달리, 요즘은 여행을 떠나지 않더라도 항상 재미있고 즐겁게 보낼 수 있게 되었다. 누구든 비용이나 시간적 여유와는 그다지 상관없이 취미와 오락이 일상생활 속에서 북적대고 있다. 예를 들어 TV에서 도저히 다 못 볼 정도의 오락, 여행프로그램이 24시간 방영되고 있어

혹 온천에 가고 싶다면 많은 채널가운데 하나를 선택만 하면 집에서 모의 온천체험도 할 수 있게 되었다.

두 시간의 오랜 온천욕을 끝내고 그는 온천 순례 유니폼인 쪽빛 무명옷을 입었다.

"하와이는 일본인 천지다. 도대체 모르겠어. 왜 그렇지?" 라며 그는 몇 차례 투덜거렸다. 그 뒤로 이어지는 긴 말은 잘 모르겠지만, 즉 '단백 달러로 멋진 고급 식사까지 먹여주는 온천이 얼마든지 있는데 왜 일본인은 일부러 하와이에서 휴가를 보내는 걸까' 라는 그 나름대로의 소박한 의문인 것 같다.

그는 "hot spring"이라고, "spa"라고도 하지 않고 꼭 "onsen"이라고 말해주는 것이 나는 더할 수 없이 기뻤다. 덧붙여 혹시 그의 말이 농담이 아니라면, 재혼상대인 젊은 아내와 어린 사내아이는 지금 하와이에서 휴가를 보내고 있다고 한다.

'설마 온천삼매(三昧)에 빠져 그의 인생이 바뀌어버린 것은 아니겠지' 라는 생각에 잠시 마음이 쓰였다.

–『여행 요미우리(讀賣)』 2006년 5월호에서 발췌.

| **작가소개** | 아사다 지로(淺田次郎, 1951.12.13 ~)

도쿄출생. 소설가. 자위대 제대 후 다양한 일을 하며 투고 생활을 하다가 36세 때인 1991년에 「빼앗기고 참는가. とられてたまるか!」로 데뷔. 1995년 장편소설 『지하철을 타고, 地下鐵にのって』로 제16회 요시카와 에이지 문학상(吉川英治文學賞) 신인상을 수상. 1997년 첫 단편소설집 『철도원 鐵道員』으로 나오키상(直木賞)을 수상했는데 이 작품은 출간 1년 만에 28쇄, 판매부수 103만 부를 기록했고, 수록작 중 2편이 영화화되면서 베스트셀러 작가가 되었다.

그 외에 작품으로 『프리즌 호텔』, 『낯선 아내에게』.

저물어 가는 여름 뜰에서

요즈음 석양이 질 무렵이 되면 언제나 헤어진 사람들이 생각난다.

유난히 해가 짧아진 늦여름에는 더욱더 그렇다. 아무래도 낮과 밤사이의 불확실한 시간에는 잊어버린 줄 알았던 기억을 환기시키는 마력이 있는 것 같다.

헤어진 사람들이라고는 해도 옛날 연인이나 사별한 부모, 형제만은 아니다. 무슨 생각을 한 것도 아니고 그저 저물어 가는 뜰을 바라보고 있으면 문득 마당 안으로 생각지도 않았던 사람이 외짝 여닫이문을 밀치고 들어오는 것 같다.

야~, 오랜만일세.

야~, 자네는 지금 어디서 뭘 하고 지내나?

물론 지나가는 사람은 묵묵히 말이 없다. 내 곁으로 다가와 저물어 가는 여름의 뜰을 응시할 뿐이다.

애정이든 우정이든 무릇 감정의 농담(濃淡)과 상관없이 쭉 손을 맞잡고 있는 사람과 그렇지 못하고 교제가 끊어져버린 사람이 있다는 건 도대체 어떤 연유일까!

곰곰이 생각해 보면 그건 인연이니 운명이니 하는 것은 아닌 것 같고 의외로 자신이 기피했든가, 아니면 그 반대든가 둘 중 하나인 것 같다. 게다가 결정적인 이별의 원인이 있는 케이스는 오히려 드물었다는 생각이 든다.

즉 쉽게 말하면 연인인 경우는 '뭔가 식어버렸다.' 이고, 지인인 경우는 '뭔가 재미없어졌다.'라는 이유로 나나 상대방이 그렇게 느낀 결과, 서로 흘러가는 구름처럼 과거의 사람이 되어버렸다.

다행히 인간은 과거의 경험을 없는 셈 칠 수 있는 유일한 동물이기에 내 나이 오십이 되어 여름이 저물어가는 뜰에서 잠시 멈춰 설 때까지 떠나보낸 사람들의 기억으로 고민하는 일은 거의 없다.

그다지 냉담한 성격은 아닌 것 같은데, 왜 '뭔가 식어버린 것'인지 또는 '뭔가 재미없어져버린 것'인지 내 인생을 한 번 뒤돌아 볼 필요가 있다고 생각되었다.

여기서 꽤 독선적인 결론을 얻었다. 어디까지나 내 경우이지만, 예전부터 오랜 만남을 이어오고 있는 지인들은 모두 독서가들이고, 한 때는 사이가 좋았지만 지금은 만남이 끊긴 사람들은 대부분 그렇지 않은 사람들이다.

독서를 하면 아름답게 된다는 설이 있지만 조금은 궤변일 것이다. 단 우정이나 애정을 유지하는 데에는 적당히 재미있는 사람이 되어야 하는 것은 틀림없다.

결국 활자에 친숙하지 않은 사람은 천성적으로 어지간히 특별한 성격을 갖고 있지 않는 한, 화젯거리가 없어지고 사려(思慮)가 깊지 못하여 오랜 시간을 함께 하다 보면 질려버리는 경우가 많다.

차마 입에 담진 않지만, 나는 내심 '뭔가 식어버렸다.' 혹은 '뭔가 재미없어졌다.'라고 중얼거리던 그 '뭔가'라는 정체모를 진상이 활자와 친숙한지 아닌지와 연관성이 있다는 생각이 든다.

또 한편으로는 서로 할 말을 주고받으며 시간가는 줄 모르는 친구들도 많이 있다. 이른바 '끈끈한 관계'다. 그들의 공통점은 모두 독서가들이며 성격의 좋고 나쁨과 궁합의 좋고 나쁨에 관계없이 결코 재미없는 사람들이 아니다.

과연 이것이 읽고 쓰는 것을 직업으로 가진 내 개인적인 인생관일까?

요즈음, 사람은 외모가 중요하다는 풍조가 난무하고 있는 듯하지만, 세상 사람들이 현혹되어서는 안 된다고 생각한다.

그것은 내가 젊은 시절, 1960년대에 맥루한이 발표했던 미디어론에서 이미 읽은 적이 있다. 그 이후 세상의 흐름을 보면 분명히 일리가 있지만 사회가 아닌 개인의 인생을 중심으로 생각해본다면 그다지 설득력이 없다.

용모나 용모가 가져다주는 이미지에 따라 형성된 관계를 오래 지속할 수 있을 만큼 현대인은 심미적이지 않고, 또 미(美)의 기준에 있어서도 겨우 1년이나 2년 만에 금방 바뀌어버리기 때문에 오랜 관계를 유지하는 것은 불가능할 것이다.

하지만 내실의 교양이라는 것은 먼 옛날부터 불변의 가치이다. 인류역사상 가장 심미적이었던 고대 그리스인마저도 그 내실의 교양을 미의 일부라고 생각했었다.

이래저래 생각해본다면 아무래도 요즈음은 외적인 것에만 빠져서 알맹이가 없는 사람이 많은 것 같다. 당연하게도 유행에 휩쓸려 떠다니는 듯한 그들에게서 친구나 연인이 차례차례로 떠나버려 자신의 인생을 개탄하고 있는 것 같다.

'도대체 나의 어디가 맘에 안 들었던 것일까?' 라고.

'내게는 어디 하나 부족한 것이 없는데!' 라고.

하지만 웬만큼 비정한 친구나 연인일지라도 면전에서 "당신은 재미없어."라고 말하지는 않는다.

여름은 저물어 간다.

이윽고 독서의 가을이다.

아사다 지로(淺田次郎) 작 / 『MAQUIA』 2007년 10월호에서

행복한 시절

나는 16살에 집을 나온 뒤로 부모님 곁으로 돌아가지 않았다. 고등학교 1학년 때 독립을 했으니 지금 생각해보면 꽤 용감한 소년이었다.

생가는 도심의 번화가에서 찻집을 운영하고 있었다. 3층으로 나누어진 큰 매장이라 늘 일손이 부족했기에 나도 도울 수밖에 없었다. 말하자면 집을 나와서도 이렇게 밤에 일을 계속해 나간다면, 학교에 다니면서도 마음 편한 독신생활을 할 수 있으리라 생각하고 시작했다. 내 인생의 레일은 지금까지 쭉 이어져오고 있는 걸 보면 16살 때 했던 계산이 틀린 것은 아니었다. 오히려 그때의 각오, 치밀한 계획, 그리고 과감한 행동이 이후의 내 삶을 보장해준 셈이다.

가난했지만 행복한 청춘이었다. 돈도 사랑도 다른 사람에게 요구하지 않고, 스스로 만들고 관리하는 것, 그게 바로 자유다. 행복이란 자유의

또 다른 이름임을 나는 그때 알았다.

다다미 네 쪽 반 크기 아파트에서의 독신생활은 여분의 물건이 하나도 없었다. 얇은 이불과 앉은뱅이책상, 그리고 책장이 가구의 전부이고, 외식할 여유가 없기 때문에 취사도구는 제대로 갖추고 있었다.

나는 어릴 적부터 묘하게 손재주가 있어서 소위 집안일이라는 건 모두 좋아했다. 아르바이트로 번 돈을 착실히 모아서 처음 산 가전제품은 라디오도 밥솥도 아닌 다리미였다. 그것을 사가지고 내 방에 돌아왔을 때 느꼈던 흥분을 지금도 기억한다. 이어 두 번째로 산 것은 헤어드라이어(hair drier)였다. 돌이켜보니 처음 물건을 사는 순서치고는 겉치레를 좋아하는 도쿄스타일의 허세가 있었다는 생각이 든다.

그건 그렇고, 나는 다소 조숙한 편이었지만 지금도 10대에 자립하는 씩씩한 소년소녀들이 그리 많지는 않은 것 같다. 다만 그때와는 상황도 많이 달라졌다. 요즘은 TV, 미니 컴포넌트, 컴퓨터, 냉장고, 세탁기, 전자레인지, 휴대전화…. 이와 같은 다양한 가전제품이 갖추어져 있을 것이다. 이

만큼의 가재도구들을 들여놓으려면 아무래도 화장실도 부엌도 한 공간에 있는 다다미 4쪽 반으로는 어림없을 것이다.

그 시절의 나는 근로학생임에도 불구하고 한가한 시간을 주체하기 어려웠다. 앞에서 말한 가전제품 중 어느 것 하나 없는 아파트는 참으로 따분했다. 그리하여 독서삼매경의 나날을 보내게 되었다.

원래 독서를 아주 좋아하는데다 그것밖에는 특별히 할 일이 없다보니 어쩔 수 없는 노릇이었다. 도서관은 무료 오락실이고, 헌책방 입구 진열대에는 3권에 100엔인 문고판이 넘쳐났다. 하루에 1권이라는 독서습관이 이때 시작되어 요즈음도 여전히 계속되는 내 취미이다.

신기하게도 취미는 피와 살이 된다. 이리하여 나는 글을 써서 밥을 먹는 사람이 되었다. 이런 나 자신의 결과로 보면, 요즘 젊은이들, 아니 현재 살아가는 모든 사람들이 실은 불행한건 아닐까?

컴퓨터나 휴대전화를 통해 인생의 요체(要諦)에는 거의 도움이 되지 않는 커뮤니케이션에 쫓겨, TV나 라디오 프로그램에 소중한 시간을 소비하고, 냉장고에 뭐가 있는지 신경 쓰고, 세탁기나 전자레인지 상태나 살피고, 말하자면 미래를 위해 도움이 될 일은 아무것도 할 수 없게 된다.

행복은 자유의 또 다른 이름이라는 나의 정의에서 본다면, 얼핏 보면 자유인 것처럼 보이지만, 문명의 이기(利器)인 기계들에 의해 관리되어지고 있는 현대인의 생활은 부자유(不自由)하고, 행복하지 않게 된다.

사회인으로서의 보편적 자격을 잃어버리지 않으려 하다 보니 사람들은 자기도 모르는 사이에 e메일의 노예가 되어 있다.

40년이 다 되어가는 예전의 생활을 정확하게 기억할 수는 없다. 기억에 남는 것은 나태하고 종잡을 수 없었던 작은 다다미방의 공기뿐이다. 아마 요즘 젊은이들은 그런 호사스런 한가로움(閑暇)을 모르리라. 그들에게는 하지 않으면 안 되는 일, 정확하게는 하지 않으면 안 된다고 착각하는 일이 너무 많다.

자유였던 나는 자연스럽게 몇 차례의 연애를 했다. 그러나 돌이켜 보면, 성격은 정열적이었는데도 꽤나 담담한 연애를 한 셈이다. 좋게 말하면 담담하고 떳떳했고, 나쁘게 말하면 냉담했다. 어쩌면 내게는 자유인으로서의 규약과 긍지가 있기에, 자신의 생활을 위협할 것 같은 연애는 계속 피했을지도 모른다.

그런 점에서도 요즘의 젊은이들은 좀 안쓰럽다. 얼굴을 마주하지 않아도 커뮤니케이션을 할 수 있는 수단이 많아서 이게 옳아 저게 맞아 라며 서로 납득할 때까지 불필요한 절차에 끌려 다니고 있다. 사랑을 하게 된 계기, 경위, 결과에 이르기까지 기계(컴퓨터)가 개제되어 있다는 것이 얼마나 부자유한 일인가.

요즈음의 내 생활도 여느 사람들처럼 생활에 편리한 기계들로 둘러싸여 있지만, 가능한 한 행복했던 그 시절의 숨결을 잊지 않으려 마음을 다잡는다.

자유와 부자유를, 행복과 불행을 혹여 착각하지 않도록. 만년필로 원고지 칸을 채우고 있자하니, 창밖에는 새 잎을 흔드는 봄비가 내리고 있다.

아사다 지로(淺田次郞) 작 / 『MAQUIA』 2005년 8월호에서

몰리에르의 말

가을이 되면 왠지 어김없이 몰리에르*의 이 말이 떠오른다.

> 자연은 모든 선미(善美)와 조화를 이루고,
> 반(反) 자연은 모든 파탄을 낳는다.

내 인생과 생활, 그리고 창작에서의 좌우명이다. 봄도 여름도 생각할 여유 없이 지나가 버리지만 겨울을 향해 서서히 옮겨가는 가을 풍경은 이런 소중한 말을 생각나게 해준다. 인간은 자연을 지배하고 있는 것이 아니라 거대한 자연 속의 작은 한 존재에 지나지 않는다. 그러므로 자연의 섭리에 따라 살다보면 꽃과 나무, 바람과 별이 빛나는 밤하늘처럼 정신적 선(善)과 육체적 미(美)를 자연스럽게 얻을 수 있다.

한편 그 자연에 거역하여 무리한 연출을 시도해보려고 한다면 이는

반드시 파탄을 맞게 된다. 말하자면 부자연이다.

몰리에르도 나도 문학적 의미에서 말하는 자연주의자는 아니다. 현실을 있는 그대로 표현하는 것이 아니라 감상자(鑑賞者)나 독자에게 상당히 아부하는 나쁘게 표현하자면 인기에 영합하는 타입의 작가라 생각한다. 그렇다하더라도 창작상의 이 원칙은 지켜야만 한다. 아무리 황당한 스토리라 하더라도 등장인물이 자연에 순종하는 인간이고 자연의 일부분으로 그려져 있다면 독자의 공감을 얻을 수가 있다.

물론 인생에 있어서도 생활에 있어서도 몰리에르가 설파하는 이 원리는 유효하다. 자기 자신을 꽃이나 나무, 바람과 별이 총총한 밤하늘과 같은 자연의 일부라고 생각한다면 아마 인간은 누구나 건강하게 성장해서 아름답게 나이를 먹어갈 것임에 틀림없다.

봄도 여름도 순식간에 지나가버리지만 날마다 서서히 색을 짙게 물들여 가는 가을은 그 진리를 인간에게 가르쳐준다.

예를 들어 자기 자신을 바르게 꾸미는 요령이라

는 것도 이래야 되는 건 아닐까.

나이에 저항하려고 하는 노력은 그 성과야 어떻든 어색함이 따른다. 소위 '젊게 꾸미기'는 자신과 같은 세대로 부터는 찬사를 받더라도 자연스런 젊음을 지닌 사람들이 보면 '딱하다'라고 밖에 말할 수 없다. 즉 사회적 평가는 '파탄'이다.

그런 점에서 말하면 좀 더 아름다워지고 싶다는 욕심의 결과인 성형수술은 더욱 딱하다. 꽤 성공적이었더라도 왠지 모르게 부자연스러움을 잠시 스쳐지나가는 순간에도 어느 정도 알 수 있다. '파탄'이 느껴진다.

또 나도 스스로를 돌이켜봐야 할 점이지만, 이런 반(反)자연에 의한 파탄은 일부 나이 지긋한 남자의 차림새에서 더욱 현저하게 나타난다. 요즘 묘하게 붐인 '젊은 오빠 스타일을 추구하는 아저씨들(ちょい悪オヤジ)' 이야말로 그 딱함(어색함)의 표본이라 말할 수 있으리라.

파리의 롱샹 경마장에 모이는 마담들의 아름다움에는 숨이 막힐 정도로 긴장된다. 인간에게는 나이에 어울리는 매력이란 것이 있고, 그 매력은 나이와 함께 더해진다. 과연 몰리에르의 나라다. 자연에 거역하지 않는 선과 미와의 조화를 이룬 결과이리라.

애당초 일본에도 실제 나이보다 젊게 보이려고 하는 미학이 원래는 없었다. '젊게 꾸미기'라는 평가는 결코 칭찬하는 말이 아니라 볼썽사납다는 의미로 사용되어지고 있다. 아무래도 몰리에르의 원리는 그가 오리지널이라고는 말할 수 없을 것 같다. 나이에 어울리지 않는 옷차림이나 언동은 보기 흉하여 기피되고 있다.

이런 상식을 파괴한 것은 미국 고유의 미학이리라. 사회의 정년제도가 없어 은거(隱居)의 개념이 없는 미국에서는 늙음은 사회적 죽음을 의미한다. 그래서 "실제 나이보다 십년은 젊게 보이자"란 슬로건이 나타나게 되었다. 남자건 여자건 파워풀하고 섹시해서 젊게 보이지 않으면 아름답게 느껴지지 않는다. 아마 그것이 초강대국의 활력이 되었다고 생각하면 대체로 부정은 할 수 없다. 그렇지만 사회의 낙오자와 같은 미국 노인들의 쓸쓸한 모습을 접하면, 반자연의 파탄이 극에 달했다는 느낌이 든다.

나는 예전에 『왕비의 저택』이란 소설 속에서 몰리에르를 등장시켜 그의 후원자인 루이14세와 대비시켰다. 몰리에르가 남긴 말은 자연까지도 지배하려고 했던 태양왕에 대한 통렬한 비판이 아니었나, 라고 생각했기 때문이다. 루이 태양왕의 취미였던 베르사이유 궁전은 '반자연의 미학'의 장대한 결정체라 할 수 있다.

우리들은 인간이 자연의 일부라는 것을 망각하고 미국적 혹은 루이 태양왕적으로 반자연이 낳는 파국을 두려워하지 않게 되어 버렸다. 그것을 다치 미학인 것처럼 믿게 되었다. 작가라는 나도 좌우명인 몰리에르의 말을 떠올리는 때는 선과 미가 조화를 이루는 가을풍경이 서서히 물들어가는 이 계절뿐이다. - 『MAQUIA』 2006년 12월호에서 발췌.

*몰리에르 : 몰리에르(Molière) : 프랑스의 극작가(1622-73). 고전주의 3대작가중 한사람. 1658년 루이 14세 앞에서 자신의 희곡 '사랑하는 의사'를 상연. 대표작으로 '수전노' '인간 혐오' 등을 남김.

| **작가소개** | 아사다 지로(淺田次郎, 1951.12.13 ~)

작은 과자빵 이야기

컴퓨터를 일상적으로 사용하고 있는 사람은 알겠지만, 컴퓨터 스위치를 '핑'하고 누른 후부터 화면이 셋업 될 때까지는 시간이 꽤 걸린다. 인터넷으로 정보를 찾는 것도 번거롭기는 마찬가지다. 화면을 노려보며 꼼짝 않고 기다리고 있으면 마음이 조급해지지만(모든 새로운 편리함에는 예외 없이 새로운 형태의 불편함이 따른다) 그럴 때 여러분은 무엇을 하는지 ?

나는 화면을 일단 잊어버리고 옆을 보며 느긋하게 문고판 책을 읽는다. '넌 너 좋을 대로 해라. 나도 나 좋을 대로 할 테니.'라는 느긋한 기분으로. 뭐 그런 기분으로 잠깐씩 단속(斷續)적으로 읽는 것이라 길고 내용이 복잡한 책(예를 들면 도스토에프스키의 『악령』 이라든가)은 용도에 맞지도 않고 그렇다고 집에 굴러다니는 잡지를 읽는 것도 너무 '시간 때우기'같은

생각이 들어 재미없다. 이것저것 시도해봤지만, 결과적으로 동화가 가장 좋았다.

지금 읽고 있는 것은 『잉글랜드 동화집』, 『스코틀랜드 동화집』, 『아일랜드 동화집』으로 집안의 책장에 있던 것을 적당히 골랐는데, 슬슬 보는 사이에 재미가 있어 짧은 시간의 독서지만 상당히 열중하여 읽게 되었다. 원본은 1954년에 출판된 것이라 지금 읽으니 문체가 상당히 고풍스러워 오히려 그런 면이 더 동화다운 감칠맛을 내고 있다.

'옛날 옛날에 할아버지와 할머니가 살았습니다. 작은 강 옆의 오막살이집에 살고 있었습니다. 두 사람 다 매우 호탕해서 조금도 투덜거리거나 불평하는 일이 없었습니다. 집에 마당도 있고 게다가 번쩍번쩍 빛나는 황소 두 마리와 수탉 한 마리에 암탉 5마리가 있었습니다. 또 늙은 고양이 한 마리와 새끼고양이 두 마리도 있었습니다. 그래서 자신들은 정말 부자라고 생각했습니다.'

예를 들어 이렇게 시작되는 이야기가 있는데, 음~ 분위기가 좋지 않은가. 자, 그럼 지금부터 도대체 어떤 이야기가 시작되는 걸까하며, 소년기와는 아주 멀리 동떨어져버린 인간이 읽고 있어도 제법 가슴이 두근두근 거린다. 그렇지만 실제로는 이야기의 주역은 곧바로 '작은 과자빵'군(君)으로 옮겨가 '부자라고 생각하는' 할아버지와 할머니는 맨 처음에만 나왔을 뿐 두 번 다시 나오지 않는다. 이야기의 구성에서 아예 멀어져 그대로 망각 속으로 묻혀버리고 만다.

아주 이상한 이야기다. 동화에는 그런 구조적인 이상함이 항상 따라다녀서 깊게 읽기보다는 가볍게 읽을 때 더 흥미롭다.

컴퓨터가 켜지기를 기다리는 시간에 동화책의 페이지를 넘기는 것은 참 좋다. 화면이 셋업 되어도 그대로 한참동안 계속 읽고 있을 수도 있고.

빵과자군이 과연 어떤 운명을 겪게 될지, 흥미가 있으신 분은 직접 읽어보시길.

– 『무라카미 라디오』 (신쵸샤)에서 발췌

| **작가소개** | 무라카미 하루키(村上春樹)

1949년 교토출생. 효고현 아시야에서 성장. 와세다대 문학부 연극과 졸업. 1979년 재즈카페를 운영하면서 집필한 『바람의 노래를 들어라』로 군조신인문학상을 수상하며 데뷔. 1982년 『양을 둘러싼 모험』으로 노마문예신인상, 1985년 『세계의 끝과 하드보일드 원더랜드』로 다니자키 준이치로상 수상. 1987년 대표작 『노르웨이의 숲』으로 하루키 신드롬을 낳았다. 1994년 『태엽 감는 새』로 요미우리문학상. 2005년 『해변의 카프카』가 '뉴욕타임스'의 '올해의 책'에 선정. 2006년 체코의 '프란츠 카프카상' 수상.

2009년 이스라엘의 예루살렘상, 2011년 카탈루냐 국제상 수상 연설에서 일본 원자력 정책을 비판하고 상금을 동일본 대지진 피해자에게 기부했다.

2009년 『1Q84』로 제2의 하루키 신드롬을 일으키며 마이니치 출판문화상을 수상. 또한 『무라카미 라디오』 시리즈와『무라카미 하루키 잡문집』, 『오자와 세이지 씨와 음악을 이야기하다』,『먼 북소리』,『재즈의 초상』 등 개성적인 문체가 살아 있는 에세이 역시 소설 못지않은 팬을 형성. 최근에 『잠』, 『빵가게를 습격하다』 등을 발표.

루시와 나팔수선화

주변은 완연한 겨울 모습이다. 영국의 풍경은 밝은 계절에는 온천지가 꽃으로 뒤덮이지만 지금은 두꺼운 잿빛 구름 속이다. 공원이나 거리거리 집집마다 창가나 정원의 꽃들도 소박한 차림으로 가만히 숨을 죽이고 있다.

이런 때에 몹시 기다려지는 것은 수선화가 활짝 필 무렵이다. 수선화가 피면 봄은 이제 코앞으로 다가온다. 영국에서는 나팔수선화가 주류를 이룬다. 아직 살을 에는 냉기 속에서 긴 목을 밀어 올려 노란 꽃을 피워냈다. 그리고 나팔을 닮은 애교 있는 입을 내밀고 부드러운 봄볕을 한껏 맞아들이고 있다.

화려하진 않아도 우아하고 화사하며 견고함을 지닌 꽃이다. 군생하면 조용한 에너지를 주위에 나눠주기도 한다. '심지가 강한' 꽃임에 틀림없다.

나팔수선화는 웨일즈의 국화(國花)다. 잉글랜드, 스코틀랜드, 북아일랜드와 함께 영국연합왕국을 구성하는 웨일즈는 오랫동안 영국의 지배하에 있으면서 인내심이 강하고 켈트계의 고유 언어와 문화를 계승하고 있다. 인내심 강한 나라의 상징으로써 나팔수선화는 잘 어울리는 듯하다.

윔블던에서 나팔수선화처럼 심지가 강한 웨일즈인 여성과 알게 되어 가깝게 지내게 되었다. 루시 파킨 42세. 네 아이를 가진 엄마다. 의사로서 활발하게 일을 해왔지만 소아과 의사인 남편과 결혼 후 연이어 아이를 낳았다. 13세인 장남을 필두로 세 남자 아이와 그 아래 여자 아이를 두었다. 한동안은 파트타임으로 일했지만 5년 전 딸을 낳은 후로는 일을 그만두고 아이들의 엄마로서 전념하고 있다.

큰 뜻을 품고 오랜 시간을 들여 공부하여 의사가 된 그녀에게 "복귀해서 일하고 싶지 않으세요?…." 라고 물으니 "전혀 아니에요. 지금은 아이들을 키우는 일이 소중하니까요." 라며 조금의 망설임이 없다. 아이들을 위해서 자신을 희생하고 있다는 의식은 없고 아이들을 키우는 일에 "무엇보다 보람이 있고 즐거워요."라고 말한다. 루시는 의사라는 직업보다 육아의 즐거움에 보다 가치를 두고 있는 것이다.

“아이들의 성장을 곁에서 지켜주고 싶어요. 필요할 때 도와달라고 손을 내 밀수 있도록. 엄마인 내가 일에 몰두해 있으면 내 아이의 미묘한 심신의 변화를 정확하게 파악하여 대응할 수 없을 테니까요.”라고 그녀는 말한다. 아이와의 ‘신뢰 관계’는 대수롭지 않은 일상의 접촉과 부딪힘 속에서 쌓여가는 것이니까요… .

‘육아기’라는 건 짧지만 후에 생각하면 인생에서 가장 반짝반짝 빛나는 소중한 시기를 아등바등 일하는 것으로만 보내고 싶지 않아서요. 농밀한 부모자식간의 짧은 순간순간을 소중하게 보내고 싶다고 루시는 생각한다.

사실 지금 영국에서는 루시같은 여성은 결코 드물지 않다. 우수한 직업여성이 가정을 가지면 살며시 일을 그만 둔다. 재로는 파트타임으로 바꾸기도 한다.

10년 전이라면 아이가 있는 여성은 일을 하고 있지 않으면 ‘그냥 엄마’로 간주되었다. 그러나 시대는 새롭게 바뀌었다.

올 여름 발표된 통계로는 한 여성이 일생동안 낳는 아이 수(합계 특수 출생률)는 2008년에 과거 35년간 최고인 1.98명이 되었다. 지금 영국은 약간의 ‘베이비 붐’이다. 사회가 새삼 엄마의 육아에 경의를 표하고 가치를 인정하게 되니 여성들은 자진하여 아이를 낳아 기르고 있다.

육아를 중시하는 자세는 아빠도 같아서 가정에서의 시간을 좀 더 갖고 싶다는 남성들이 월등히 늘어나고 있다. 이런 풍조를 배경으로 정부는 최근 몇 년간 육아 휴가의 연장과 유연한 근무 시간제를 하고 있다.

육아 환경의 정비를 하며 연이어 가족정책을 실현시켰다. 내년 총선을 앞둔 지금 각 정당은 경쟁적으로 남녀가 육아와 일을 양립시킬 수 있도록 새로운 정책을 내놓고 있다.

루시는 자신의 일을 포기한 것이 아니다. 한 주일에 한 번 소아 알레르기를 전문으로 하는 남편 병원에 나가 볼런티어(volunteer)로 돕고 있다. 의사로서의 감각이 둔해지지 않도록 부단히 연마를 하고 있다.

그녀는 언젠가 때가 되면 직업인으로서 또 다시 꽃을 피우고 싶다는 생각을 가지고 있다.

고향인 웨일즈는 1999년 첫 의회를 가진 이래 몇 백 년에 걸친 영국의 지배로부터 벗어나 독자적인 정책을 꽃피웠다. 루시도 망설이지 않고 긴 안목으로 인생을 바라보고 있다.

앞날을 서두르지 않고 현명하게.

루시는 역시 참을성이 강한 나팔수선화를 많이 닮았다.

-『문예춘추』 2011년, 베스트 에세이집 『인간은 정말 대단해』 중에서

| **작가소개** | 아베 나오코(阿部菜穗子)

1981년 국제기독교대학 졸업. 런던에 거주하는 저널리스트.
저서로는 『이문화(異文化)속에서 아이가 자랄 때』
『5세부터도 늦지 않는 영재교육』, 『영국 '교육개혁'의 교훈』…등.

취(醉)하면 사랑할 수 없고,
사랑하려면 취(醉)하지 마라

"바코, 타바코, 베-네레" 이는 이탈리아판 '마시고, 피우고, 산다(買)'는 말이다. 인생에서 좀처럼 그만둘 수 없는 세 개의 악덕으로, 바코는 박카스신(神), 즉 술이다. 타바코는 담배, 베-네레는 비너스, 즉 여성을 뜻한다. '술'과 '여자'는 일본이나 이탈리아에서도 공통이지만, 이탈리아인은 여성을 '비너스'라고 여신으로 표현하고, 일본에서는 여성에 관해서는 '산다(買)'라고 서술한다. 낭만도 꿈도 찾아보기 어렵다.

나는 30년간 이탈리아를 오가며 살고 있지만, 아직 그 이탈리아에서 고주망태의 취객을 본 적이 없다. 무슨 이유를 붙여서라도 자신에게 관대한 이탈리아인들이 유독 술에 대해서는 꽤 자제하고 있다. 왜 그들은

다음날까지 취할 정도로 마시지 않는 걸까? 이유는 단 하나, 취해버리면 여성과 즐길 수 없게 되기 때문이다. 그것만이 아니다. 이탈리아에서는 남자들끼리 주정을 하고, 2차 3차를 하는 모습은 전혀 볼 수 없고, 저녁 이후 레스토랑에서 보이는 대다수가 남녀커플이다.

같은 유럽에서도 영국은 펍(pub)에서, 독일은 비어홀에서, 러시아에서는 보드카 바에서, 남자들은 접대하기도 받기도 하며 끝이 없이 계속 마신다. 만취한 뒤에는 코를 골며 잘 수밖에 없다. 이로 인해 만성적 욕구불만에 빠진 북쪽 나라의 여성들은 여름 리조러버(리조트 지(地)의 애인)를 찾으러 대거 이탈리아 해안으로 몰려든다. 이탈리아 남성은 세계 각지의 술꾼 남성들이 방치한 의무를 대행해주는 감사한 존재다.

여성과 마시는 가장 사치스런 음료는 당연히 샴페인이다. 특히 처음 만남을 가질 때에는 필수 불가결한 소도구다. 마시며 서로 사랑을 확인한 후, 여성은 글라스에 남겨진 샴페인을 체크한다. 기포가 작을수록 그리고 오래 지속될수록 고급품이다.

'이럴 때 값싼 가짜 샴페인으로 속이려는 남자는 믿지 않는 것이 좋다.'는 것이 선배 이탈리아 여성의 어드바이스다.

빼어난 미녀와 호텔의 스위트룸에서 하룻밤을 보내려 동 페리뇽(Dom Perignon)을 5타스 비운 지인이 있다. 그래도 그는 취하지 않았다. 왜냐고? "모든 것을 그녀와 들어갈 욕조에 부어 극치의 샴페인 목욕을 즐겼으니까" 도대체 얼마가 들었을까. 이런 계산을 하고 있다면 아직도 한참 미숙하다.

보통 이탈리아에서 식사 중에 마시는 것은 와인이다. 그다지 술에 강하지 않은 남성은 여성보다 먼저 취해버리는 추태를 피하기 위해, 데이트 전에 큰 숟가락 하나 정도의 올리브 오일을 마셔둔다. 그럼 위벽에 오일 보호막이 생겨 알코올 흡수를 막아주는 것이다. 식사 중에는 빵을 입에 넣고 와인을 입안으로 부어, 빵에 와인을 흡수시킨다. 그들은 이렇게 눈물어린 노력을 하며 그 다음 '사랑의 격투기'를 준비한다.

마시기 전에는 상대의 글라스와 가볍게 마주쳐 "칭칭"이라고 말하며 건배를 한다. "칭칭"은 글라스가 닿을 때의 의성어다. 테이블에서 늘상 하던 건배를 한 뒤, 이탈리아인에게 이런 말을 들어본 일이 있다. "왜 마시기 전에 글라스를 마주치는가 알아?" 이유 같은 건 생각해 본 일도 없다. 흥미진진하여 몸을 앞으로 내민 나에게 그는 말했다.

"먼저 글라스를 손바닥으로 느껴봐. 차갑고 얇은 글라스의 감촉. 그것을 천천히 흔들면 청사과와 카시스 리큐어(Cassis Liqueur)가 혼재된 듯한 향기가 그윽하게 올라오지. 색깔도 즐겨봐. 투명한 아름다운 루비색이야. 다음에 천천히 입으로 머금어봐. 혀에 매끈거리는 감촉과 아주 감칠맛 나는 반쯤 달콤한 맛이 나지. 여기까지 감각, 후각, 시각, 미각을 사용했으면, 부족한 것이 청각이야. 그래서 글라스를 울려 귀로 그 음색을 즐기려 한거야. 이탈리아인은 언제나 이런 식으로 오감을 만끽하며 인생을 살아가는 거야. 그리고 오늘밤, 나는 모든 감각을 사용하여 너를 맛보고 싶어."

일본의 남성분들이여! 지금 숙취대책 같은 것 생각하고 있을 때가 아니잖아요! 이렇게 한소리 해주고 싶지만, 이처럼 감각적인 이탈리아 남성들에게는 이길 승산이 없다. 이제 포기하고 오늘밤도 남자들끼리 홧술이라도 단숨에 마셔버려라! 하지만 의외로 대부분의 일본 남성들은 어쩌면 "이탈리아에서 태어나지 않은 게 다행"이라며 행운의 미주(美酒)에 취해 있을지도 모르겠다.

– 『올 요미모노』 6월호에서

| **작가소개** | 다마루 쿠미코(田丸公美子) :이탈리아어 통역가

메일이냐? 편지냐?

토론의 즐거움을 알게 된 초등학교 6학년생 손녀딸 아즈사는 종종 내게 재미있는 전화를 걸어온다. 어제는 수업 중에 디베이트(debate)를 했다는 이야기였다. 두 그룹으로 나누어 "메일이 좋은지? 혹은 편지가 좋은지?"에 대해 논쟁했다고 한다. 아즈사는 편지 쪽이었다.

메일 그룹의 한 아이가 "편지는 시간도 종이도 우표도 낭비야."라는 거야. 그래서 내가 "그럼 넌 받은 편지를 읽고 나면 버리니? 그렇다면 낭비가 맞겠네."라고 했지. 선생님께서 혼잣말로 "예리하네."라고 하셨는데, "할머니는 어느 쪽이야?"라고 물었다. 나는 메일을 사용할 줄 모르기에 "편지란다."라고 답했다. 그런데 이 말이 내 머릿속에 계속 맴돌았다.

그 말이 나를 자극한 건 아니지만, 2층 책장 위에 있는 편지상자가 문득 생각났다. 세상을 떠난 남편과 내가 결혼할 때까지 주고받은 편지가 들어있다. 나라(奈良)에 있는 대학병원에 근무하던 남편으로부터 받은 것이 30여 통이고, 야마구치현(山口縣)의 이와쿠니(岩國)에 살던 내가 쓴 60통이 각각 가지런히 정리되어 있다.

그런데 결혼한 지 50년이 지났지만 상자를 한 번도 열어보지 않았다. 5번의 이사에도 잃어버리지 않고 언제나 같은 책장 위에 놓여 있다. 남편이 떠난 지 12년, 올해로 13번째 기일을 맞는다. 한번 읽어보고 싶은 충동으로 책장 위에서 가져왔다. 편지를 꺼내어 본다. 그 시절의 봉투는 종이 질이 좋지 않아 반세기가 지난 지금 색이 바래있다. 붙여져 있는 10엔짜리 우표는 담홍색의 길상천(吉祥天)무늬다.

남편한테 받은 편지를 손이 가는 것부터 열어보았다. 익숙한 글씨, 간결한 문장이 새삼 그립다. "학회 보고 원고를 이제야 다 썼습니다. 창밖은 어느새 밝아오고 있습니다. 내일은, 아니 오늘이네요. 진료도 있고 해서 바쁜 날입니다."라고 다소 지친 글씨로 갈겨쓴 것과 "나라에서 고교 동창회가 있어 대선배님들을 만나 뵙고 왔습니다."라고 쓴 봉투에는 사슴애호협회의 아기사슴 스티커를 붙여 뭔가 즐거워 보인다.

이어 "도쿄의 학회에 다녀왔습니다. 오고가는 차안에서 나카노 시게하루(中野重治)의 소설 『무라기모(むらぎも)』를 읽었습니다. 그의 서정시(抒情詩)는 아등바등 살아가는 내게 잃어버린 옛날을 뒤돌아보게 했습니다."라는 회상이 있어, 남편의 청춘시절을 그려볼 수 있게 해주었다. 송구스

러워 하는 편지도 있었다. “부모님께 인사드리러 찾아뵙겠습니다.”라고 꼼꼼하게 눌러 쓴 글자에서 그의 긴장감이 느껴졌다.

읽어가는 동안에 점점 나는 남편이 마치 살아있는 듯한 착각에 빠져들었다. 편지 한통, 한통마다 젊은 날 그 시절의 설렘이 그대로 전해왔다. 남편이 떠났다는 현실을 잊고 집안 일을 하는 사이, 잠깐 볼일을 끝낸 뒤에도 나는 같은 편지를 몇 번이나 읽고 또 읽었다.

많은 편지들 속에서 분위기가 다른 물색 봉투 하나가 섞여 있었다. 나와 남편의 것이 아니었다.

같은 회사에 근무했던 사카다 케이코 씨가 보낸 편지다. 케이코 씨는 부속병원 영양사였고, 나는 사내(社內)학교의 강사로 절친한 친구였다. 나이도 같은 서른 살, 우리는 일에 대한 이야기며 행복이 무엇인지? 인생과 결혼의 이상에 대해서도 자주 이야기했었다. 우연히 우리는 비슷한 시기에 약혼을 했다.

편지는 그녀가 퇴사하고 고향인 미야자키(宮崎)에 돌아가 있었던 시절에 받은 것이다. 케이코 씨의 약혼자는 회사 연구소에 근무하는 우수한 사람이었지만, 폐결핵을 앓아 흉곽성형수술로 늑골(肋骨)을 3개나 절제했다.

편지에는 “그이는 일을 사랑하여 연구를 계속하고 싶은 사람이기에, 나 또한 그런 그를 좋아하고 사랑하고 있습니다. 그러나 안타까운 일입니다만 일을 할 수 없게 되고 공부마저도 할 수 없게 되었을 때, 나는 그이를 싫어하게 될까요? 아닙니다. 그럴수록 나의 사랑은 더욱 더 깊어지지 않을까 생각됩니다."라고 쓰여 있다.

나는 다시 감동했다.

친구 남편은 3년 전에 훌륭한 업적을 남기고 타계했다.

나는 그녀에게 이 편지를 보내주어야겠다고 마음먹었다. 봉투는 종이가 닳아 금방이라도 찢어질 것처럼 너덜너덜했다. 글씨도 지워질 듯했다. 나는 편지를 진하게 확대복사해서 보냈다.

다행히 케이코 씨로부터 곧바로 전화가 왔다.

"정말 고마워. 이런 편지를 잘도 남겨두었네. 얼마나 고마운지 눈물이 다 나왔어. 지금도…, 내 마음은 바뀌지 않았어." 케이코 씨 목소리는 여전히 옛날처럼 밝았다.

50년이나 그대로 놔둔 채로 있던 편지가 이런 감동을 전해주었다.

"메일이냐? 편지냐?"

아직 어린 아즈사에게 이런 이야기가 잘 이해될 수 있을지 모르겠다. 그래도 한 자 한 자 정성들여 쓴 편지는 할머니의 '보물'이 되었다고 꼭 말해주고 싶다.

– 『오사카에세이(大阪エッセイ)』 47호에서

| **작가소개** | 요시오카 아키코 (吉岡昭子)

1927년 중국에서 태어나다. 야마구치현(山口県)의 이와쿠니(岩国)출신. 히로시마(広島)여학원 전문학교 가사과, 히로시마여자전문학교 생활과 졸업. 나라(奈良)문화여자단기 대학 식물영양학과 강사를 거쳐 요리연구, 요리지도, 영양지도를 계속하다. 관리영양사.

골목 깊숙한 곳에 있는 집

도쿄의 신주쿠구(區) 내에서 어쩌면 마지막으로 남은 옛 모습 그대로의 좁은 골목길, 그 깊숙한 곳의 목조건물 집으로 이사 온 지 올해로 꼭 10년이 된다. 집은 도쿄올림픽이 개최되기 1년 전인 1963년에 지어진 듯하다. 그 시대에 걸맞게 골목길도 오늘날 일본 대도시의 도심치고는 기적적으로 아직까지 비포장 상태로 남아있다. 현대의 아스팔트 길 가장자리에 잡초가 자라나고 있기는 하지만, 내가 집으로 돌아갈 때 걷는 골목에는 길 한가운데 흙에서 연녹색 풀들이 자라나고 있다. 그 풀들을 밟고 걷다보면 일본 길의 긴 역사가 발끝으로 전해진다. 일본인으로 태어나고 싶었던 나는 청년시절부터 여러 차례 미국에서 일본으로 건너왔었고, 중년이 된 이제서야 마침내 일본 속에서의 내 집을 발견했다. 그래

서인지 시대에 뒤떨어진 골목길, 흙이 주는 느낌이 더 없이 소중한지도 모른다.

골목 깊숙한 곳에 있는 우리 집은 도쿄올림픽 이전엔 어떤 모습이었을지는 모른다. 다만 근대문학에 조예가 깊은 선배작가로부터 "집이 있는 장소로 미루어 볼 때 어쩌면 나츠메 소세키(夏目漱石)의 소설 『문(門)』에 나오는 곳과 같던가, 거기에 가까운 부지(敷地)가 아닐까!" 라는 말을 들은 적이 있다.

벼랑 아래 골목 깊숙한 부지에 지어진 집은 햇빛이 잘 들지 않아 거기에 살았던 주인공이 아직 젊었는데도 기억이 흐릿해지기 시작하여 근대의 근(近)이란 한자도 못쓰게 된다. "원래 일본어가 모국어가 아닌 당신이 네이티브보다도 빨리 한자를 잊어버릴 것 같다. 그러니까 조심하세요." 라고 이사 왔을 때 어느 편집자로부터 주의를 받은 적도 있다.

10년간 골목 깊숙한 일본 고가(古家)에서 살아온 나는 그전에도 도쿄 내 목조로 된 하숙집이라든가 아파트를 여기저기 옮겨 다니며 살았다. 20년 전 요코하마(横浜)에 주재하던 미국영사의 아들이 집을 나와 『신주쿠로 향한다』라는 소설로 일본어의 작가가 되었다.

나 자신도 『신주쿠로 향한다』의 주인공과 같은 인생이 되어 이 골목 저 골목에 있는 근대 일본의 독자(獨自)적인 공간을 추구해 왔다. 섬나라 대도시의 햇볕이 잘 들지 않는 집에 살면서 비서양(非西洋)에서는 처음으로 커다란 근대문학을 창작한 작가들의 모습을 떠올리며 다다미방에서 일본어를 읽고 일본어를 쓰고 있다. 내가 전통적인 장소에 머물고 있다는 느낌보다는 오히려 백 년의 일본작가들이 얻으려고 했던 '새로움'이 느껴진다.

미국에서 일본으로 건너오곤 했던 청년시절에 단기간 세 들어 살던 아파트, 다다미 4쪽 반, 혹은 6쪽짜리 방 한 칸인 다다미방 위에는 어느새 일본어 소설과 시집이 넘쳐나게 되었다. 여름에는 모기 쫓는 향냄새, 겨울에는 발을 넣고 몸을 녹이는 발 난로인 고다쓰(火燵)의 백열등, 계절의 디테일은 변했지만 언제나 좁은 공간 안에서 일본어 서적으로 둘러싸여 생활해왔다. 그런 서적들을 읽다 보면 때로 영어로 번역할 때도 있다. 읽고는 스스로 '다시 고쳐 보기'도 한다. 그것이야말로 일본어의 세계에 몰입하기 위한 최선의 수행이 되었다.

어느 날, 다카다노바바(高田馬場)였는지 오오쿠보(大久保)였는지 목조아파트를 나와 야마노테선(山手線)을 타고 시부야(澁谷)에 갔다. 시부야에 있는 교회 지하실에는 아베코보(阿部公房)극단의 연습장과 조촐해 보이는 사무실이 있었다. 아베코보로부터 미국공연의 각본을 번역해 달라는 의뢰를 받았다. '새끼 코끼리는 죽었다.' 라는 연극의 영역(英譯)원고를 가지고 지하실에 들어갔다. 거기에는 아베 씨가 있었다. 내용에 대해 나는 여러 가지 질문을 했다. 그 중 하나는 '코끼리가'로 시작되는 대사였다. 영어로 바꾸기 위해서는 그것이 단수인지 복수인지를 정할 필요가 있었다. elephant인지 elephants인지.

"아베선생님, 이 코끼리는 한 마리입니까, 두 마리입니까, 아니면 여러 마리입니까?" 라고 물었다.

전후 일본의 최고 소설가인 그는 "모르겠다."고 대답했다.

"우리 일본인들에게는 그런 구별은 없다. 그러니 리비군이 알아서 정해요."

소설 『모래 여자』로 이름을 날린 대작가 앞에서 나는 망설였다. 나 스스로도 자신이 없어졌다. '코끼리'는 한 마리든 두 마리든 상관없다는 느낌이 들었다. 돌아오는 전차 안에서 본 신주쿠의 햇빛은 저렇게 찬란하게 빛나는데도 a도 the도 아니고 s도 붙지 않고 다만 '햇빛'일 따름이다. 마치 생전 처음 보는 듯 놀라 그저 물끄러미 바라보았다.

올해 들어 『성조기(星條旗)가 들리지 않는 방』이라는 내 일본어 데뷔작을 미국에서 출판하게 되었다. '다른 언어(異言語)'인 일본어로 쓴 작품이 20년이 지나 타인의 손에 의해 모국어로 번역된다는 게 신기했다. 어느 날 밤, 골목 깊숙한 곳에 있는 집으로 번역가인 젊은 미국인이 찾아왔다.

"캘리포니아보다 훨씬 햇빛이 안 좋지요?" 라고 말하면서 2층에 있는 다다미 방 서재로 손님을 안내했다. 세로로 된 원고지로 가득 찬 다다미 방에 앉아 백인인 일본문학 연구자가 백인인 나에게 작품에 대해 연이어 질문했다. 맨 처음 장면인 영사 아들이 영사관에서 가출할 때 일본인 경비원 옆을 지나간다.

"그 일본인 경비원은 한 사람입니까, 두 사람입니까?" 라고 그가 나에게 물었다.

잠시 생각한 후에 나는 "모르겠다."고 답했다.

단수인지 복수인지 머릿속이 새하얗게 되었다.

"미안합니다. 정말 모르겠습니다."

젊은 번역가도 나도 말없이 한동안 침묵이 흘렀다. '우리들 일본인'속에 그 순간 '나'도 포함된 걸까? 아니면, 골목 깊숙한 곳 목조 집에 몇 년이나 살다 보니 나도 알 수 없게 된 걸까! 오랜만에 참 당황스러웠다. 당황스러움과 함께 가슴 속에 작은 기쁨이 일렁였다.

- 리비 히데오 작/ '일본경제신문(12월 5일 자)'에서

인적이 드문 길

길게 줄을 이룬 차들의 정체는 맨 앞의 운전자가 1초 브레이크를 밟는 순간부터 시작된다. 다음 사람이 2초, 그 다음 사람은 3초로 이어져 맨 뒤쪽은 그야말로 몇 시간이나 지체된다고 한다. 아마도 운전시험장에서 들은 것 같은데, 새삼 고개를 끄덕이게 된다.

저녁 무렵 가루이자와(軽井沢)에서 집으로 돌아가는 길이다. 도쿄외곽환상도로(東京外郭環状道路)에서 수도고속도로로 진입하면 어김없이 고코쿠지(護国寺) 인근에서는 차들이 전혀 움직이질 않는다. 안절부절 못하는 운전자가 "이곳을 빠져 나가는 데만 1시간이 걸려요. 다카마츠(高松)에서 내려서 야마테도오리(山手通)를 시부야(澁谷)방면으로 나갑시다. 그럼 30분 만에 집에 도착합니다. 다들 가려는 이 길로 간다면 얼마나 걸릴지 모르니까요." 라고 말하곤 옆길로 빠진다. 의외로 밑의 도로는 한적해서 순조롭게 씽씽 달린다.

'다들 가려는 길로 가려고 한다면….' 이라고 말한 운전자의 말에 나는 문득 오늘날까지 걸어온 내 인생을 되돌아보게 되었다.

8형제의 막내였던 나는 굳이 4명의 형들과 같은 길을 밟지 않았다. 자식들이 일류 대학을 졸업하는 것을 삶의 보람으로 알고, 의사로서 죽는 날까지 노구(老軀)를 이끌고 일하셨던 아버지의 기대도 저버린 셈이다. 대학에도 진학하지 않은 채 좋아하는 길을 선택했던 나로 인해 가족들은 슬퍼하였고, 형제들은 노골적으로 나를 경멸했다. 본인들과 같은 길을 걷지 못하는 사람은 상대가 되지 않는다고 여겼으며 쓰레기처럼 취급하였다. 지금 생각해보면 많은 사람들이 북적거리는 길이 아닌, 인적이 드문 별나고 좁은 길을 선택한 게 되는 것인데….

험난한 선택이었지만, 경쟁상대가 적었기에 어떤 면에서 쭉쭉 뻗어나갈 수도 있었다. 무엇보다 좋아하는 것을 열심히 하기만 하면 되었기 때문에 고되고 힘들었던 것도 이겨낼 수 있었다. 만일 내가 평범하게 대학을 나와 별로 내키지도 않은 회사원이라도 되었더라면, 제멋대로에 자아가 강한 나는 아마도 상사들에게 미움을 사서 여러 차례 이직했을 것이다.

다행히도 오늘까지 이 길 하나만을 어떻게든 걸어올 수 있었던 것은 주위 사람들의 도움과 행운이 따라주었기 때문이기도 하지만, 모두의 반대를 꺾고 내 스스로 정한 길을 되돌릴 수가 없었기 때문이었다.

그건 그렇고, 자랑할 정도의 인생행보도 아니고 누구한테 추천할 수 있는 이야기는 아니지만, 굳이 말하자면 '남들 사는 것처럼' 살 필요는 없다는 것이다.

일본인들은 대개 남들처럼 사는 것을 좋아하는 것 같다. 본인에게 별로 자신이 없기 때문에 주변 사람들이 하는 것에만 신경을 쓰면서 남들과 다르지 않다는 것에 안심한다. 그 속에서 경쟁하여 일인자가 되든지, 아니면 꼴찌라도 같은 줄에서 비어져 나오지 않으려고 한다. 본인이 아니어도 주변 사람들이 그러길 희망한다. 좋은 대학을 나와서 좋은 기업에 취직하는 것이 인생의 최종 목표이자 최고의 행복이라고 믿는다.

도대체 왜 정체된 길에서 다른 길로 빠져나올 생각은 하지 못하는 것일까?

'안전제일'이라고 생각하는 점은 알겠으나, 이제 그만 자신의 의지를 확실하게 갖는 것은 어떨까?

특히 젊은이들에게 말하고 싶다. 길을 걷다 보면, 모든 젊은 친구들이 같은 모습을 하고 있다. 여성들은 같은 헤어스타일, 같은 패션, 유명 브랜드의 핸드백, 거기에다 같은 발성법으로 혀를 늘어뜨리며 말하기 때문에 얼굴까지 모두 똑같아 보인다.

딸이 초등학생 시절, 모든 친구들과 똑같이 하고 싶다며 옷도 장난감도 똑같은 것을 해야 된다고 했었다. 말끝마다 "다들…"이라고 하기에, "자주 '다들'이라고 말하는데, 그 아이들의 이름을 말해보렴."하고 물어보면 고작 2명이나 3명이고 그 다음은 이어지지 않았다.

유명 브랜드의 핸드백이 유행할 때 너도나도 달려드는 것은 일본만의 현상이다. 유럽과 미국 사람들은 "다른 사람들과 비슷한 것은 하고 싶지 않다."는 의식이 강하고, 그것이 프라이드가 되기 때문에 일본처럼 천편일률적인 유행이 되지 않는다. 자기 나름의 미의식이 있다면 그건 당연한 거라 생각한다.

다른 사람들과 같지 않으면 싫다는 사고방식은 초등학생과 같은 유치한 감각이 아닐 수 없다.

많은 사람들이 길을 걸으며 휴대폰으로 자신의 세계에 몰두하고, 젊은 여성들은 지하철에서 화장을 하거나 식사를 하기도 하고, 쉽게 결혼을 하지만 이혼도 빠르다.

내게는 이런 모습들이 하나같이 '남들처럼 살아야 한다'는 사고방식에서 비롯된 것처럼 여겨져 씁쓸하다.

- 베스트에세이집 『사마귀의 눈(雪)예상』 문예춘추 2006년 중에서

| **작가소개** | 아시다 쥰(芦田淳, 1930)

패션디자이너. 주식회사 쥰 아시다 대표.

1951년 동경고교 졸. 황후 미찌코(美智子)가 황태자비 시절 전임디자이너.

전 일본(全日本)항공, 아틀랜타 올림픽선수단. 데이코쿠(帝國)호텔…등 유명기업 유니폼 디자인 담당 / 백화점 다카시마야(高島屋), 주식회사 테이징(帝人)고문 디자이너 / 파리 콜렉션 데뷔. / 사단법인 과학기술국제교류센터에 아시다 기금을 설립.

저서: 『나는 영 맨』 / 사진집 : 『jun ashida-디자이너-30년』(1993,12月 부인화보사(婦人畫報社) / 이탈리아국가 공로훈장, 프랑스국가 공로훈장, 룩셈부르크 국가 공로훈장.

사백 엔짜리 런치

- 참치 미소덮밥 정식

연초에는 4일부터 일을 시작했다. 여느 곳이랑 다름없다.

나는 평일 8시부터 5시까지 일을 하고 점심식사는 언제나 가까운 음식점에서 런치를 먹는다. 오늘 점심식사도 런치를 먹으러 나갔다.

가까이에 프랜차이즈 술집이 있는데 점심에는 런치영업을 하고 있다. 이 가게의 런치를 아주 좋아하는 것은 아니지만, 점포가 넓어서 언제가도 빈자리가 있다.

이날은 내가 볼 일이 있어 서둘러야 했기에 붐비지 않는 곳으로 가려고 이 식당에 들어갔다. 그런데 왠지 평상시와 분위기가 다르다. 그렇게 붐비지도 않는데 식당 안에는 평상시와 다른 긴박감이 흐르고 있었다.

자리로 안내받고 이상한 긴박감의 원인이 뭔지 서서히 알게 되었다.

신년 벽두의 영업이라 일손이 부족한 건지, 아니면 다른 가게가 휴업 중이라 평상시보다 손님이 많은 건지(그렇다고는 해도, 모든 자리가 꽉 찰 정도는 아니고), 점원들은 뛰어다니고 손님들은 아무것도 놓이지 않은 테이블에 팔꿈치를 괴고 살기가 감돌고 있다. 말하자면 거의 모든 손님에게 주문한 음식이 나오지 않아 모두들 기다리다 지쳐있는 것 같다.

'아~ 뭔가 난처한 곳에 들어와 버렸네!' 라고 생각하면서 메뉴를 보다가 모둠솥밥이 먹고 싶었지만, 이건 도저히 무리일 것 같아 당일 추천메뉴인 참치 미소덮밥 정식을 주문했다.

내 옆의 여성은 6명, 그룹이다. 그 중 5사람이 같은 당일 추천메뉴이고, 한 사람이 맥없이 차를 마시고 있다. 이리저리 뛰어다니는 점원을 한 사람이 불러 세워, "이 사람 것 아직 입니까?" 라며 독기서린 목소리로 물었다. "죄송합니다. 금방 가져 오겠습…" 라며 기어들어가는 목소리로 뛰어가는 점원.

구석에 있는 남녀 혼합 5인 그룹. 이쪽은 전원 식사를 끝내고 담소하고 있다. 이야기를 나누면서 그러나 뭔가 불온한 공기가 테이블 위 15센티 주변에 흐르고 있다.

말쑥한 차림의 남자가 손을 들어 정신없이 뛰어다니는 점원을 불러 "커피, 아직 인가요?" 좀 불안하게 웃는 얼굴로 묻는다. "죄송합니다. 바로 가져 오겠습…" 뛰어가는 점원.

창가에 있는 중년 남녀 2인 그룹. 한 사람이 모둠솥밥을 먹고 다른 한사람은 기다리고 있다. 그때 점원이 모둠솥밥이 놓인 쟁반을 들고 뛰어와서는 "오래 기다리게 해드려 죄송합니다." 라며 말끝을 흐리더니 "아~아니네요, 죄송합니다." 라며 안으로 뛰어간다. 메뉴가 잘못 전달된 것 같았다. 그러자 모둠솥밥을 먹고 있던 여자가 갑자기 일어나더니 점원에게 뒤좇아 가 "그냥 그걸로 됐어요. 모둠솥밥 남았으면 주세요." 라고 소리치며 상대방 남자에게 모둠솥밥 쟁반을 건네주었다.

칸막이 건너편에서 중년여성 5명, 그룹 중 한 사람이 일어서더니 주방에 얼굴을 들이밀고 "저기요, 젓가락이 하나 없는데요." 라며 소리치고 있다.

그러자 아까 커피를 마시고 있던 남성, 큰소리로 "더는 아닌 것 같네요! 취소해 주세요. 취소!" 라며 자리를 박차고 일어나더니 모두를 재촉하고 있다. 그 남성도 뚜벅뚜벅 주방까지 가더니 "커피 취소, 전표 줘요!" 라고 소리치고 있다.

가게 안이 험악한 분위기다. 시끌벅적 북새통이란 말이 이런 상태를 가리키는 말인가 보다. 이런 상황을 모르는 손님이 유리문을 밀치고 생글생글 웃으며 가게 안으로 들어온다. '아~ 오면 안 되는데, 무서운 기분이 들 텐데…' 라며 걱정스럽게 그들을 지켜보고 있는데 점장으로 보이는 남자가 입구로 뛰어나가 머리를 조아리며 깊게 고개 숙여 뭔가를 말하고 있다. 그러자 손님들은 그대로 가게를 나가 버렸다. 이래저래 시끌벅적 고달팠던 점장, 안정될 때까지는 손님을 받지 않을 작정인 듯하다.

그런 사이에도 커피는 아직 인가라는 등, 주문받으러 오라는 등, 가게 안 여기저기에서 점원을 부르는 목소리가 요란하고 점원들은 종종걸음으로 가게 안을 분주하게 뛰어 다닌다.

내 앞에 노인이 혼자 앉아 있었다. 그는 나보다 먼저 그 곳에 있었지만, 테이블에는 역시 녹차밖에 없다. 노인은 무료하게 자신의 손가락을 만지작 만지작거리고 있다.

아~ 그렇구나, 그리고 보니 나도 곧바로 볼일이 있었잖아. 문득 깨닫고 나는 찬찬히 주방 안을 들여다보았다. 주방입구의 커튼 아래로 종종걸음 치는 사람 모습만 겨우 보였고, 새로운 음식이 나올 것 같은 기미는 전혀 없다. 부글부글 화가 치민 손님들은 식사를 마치고 차례차례 자리를 털고 계산대로 향했고, 거기에 또 긴 줄이 있었다.

모두들 기다리게 했던 게 싫었던 모양이다. 런치를 먹으러 가서 15분 이상 기다리게 되면 뱃속이 꼬르륵 꼬르륵(뱃속에서 화가 나 꾸르륵 꾸르륵)난리가 난다. 이럴 때도 화를 내는 건 당연했다. 도대체 이건 뭐야. 당일 추천메뉴를 내 놓는 것 밖에 없잖아.

지방이 많은 참치 다진 것에 파를 얹은 네기토로(葱とろ)만 밥 위에 올려놓았을 뿐인 요리라고 부를 수도 없는 음식이잖아. 식사 후에 볼 일이 있었고 이럴 바에는 그냥 돌아가 버릴까라고 평상시처럼 화를 냈지만, 그러나 노여움이 폭발하기 직전에 맥없이 증발해 버린다. '뭐야 이 상황은!' 이라고 화를 낸 한 순간 후에 괜찮은 걸까라고 살짝 걱정이 된다. '이젠 돌아가 버릴까'라고 의자를 막 밀치던 다음 순간에, '아~ 저 아주머니가 아까부터 점원을 부르고 있어요. 눈치를 못 채면 소란스러워져요…' 혼잣말을 하며 울고 싶은 기분이 된다.

이럴 때 나는 내 자신의 조급함을 극복하는 법을 번쩍 떠올렸다. 내가 화를 내기 전에 누군가가 그것을 상회하는 기세로 화를 내주면 되는 거다. 바로 주정뱅이의 논리다. 동석한 누군가가 나보다 먼저 만취상태가 되면 좀처럼 취하지 못하는 것과 같다.

나의 조급함은 이때 가게 안 사람들의 노여움과 안절부절못하는 분위기 탓에 손쉽게 사라져버렸다. 그렇게 오랫동안 기다리게 되었는데도 왠지 나 때문에 이런 혼란이 생긴 것처럼 느껴져 다소곳이 의자에 움츠려 앉아 있었다.

30분 가까이 기다린 후, 드디어 내 앞에 당일 추천메뉴인 런치가 도착했다. 나는 슬쩍 앞좌석의 노인을 보았다. 노인에게는 아직 요리가 나오지 않았다. 내가 아무런 책임을 느낄 이유가 없는데도 괜히 위축되어 조심스럽게 밥뚜껑을 열었다.

참치미소덮밥은 밥 위에 네기토로와 달걀노른자, 그리고 김이 얹어진 것으로 일반 간장소스가 아닌 특제미소를 뿌려 먹는 것이었다.

'음~미소를 얹는구나…' 라는 생각을 하기도 전에 나는 고개를 숙여 종지에 담긴 미소를 덮밥에 쓱쓱 뿌려 먹었다. 노인을 힐끔 봤지만 요리는 아직 오지 않았다. 노인도 이쪽을 보고 있다. '먼저 먹어서 죄송합니다…' 라는 기분 때문인지 위가 살살 아프다.

그 와중에도 참상(慘狀)은 계속 되고 있다. '젓가락이 없다, 물이 없다, 차를 다 마셨다.' 라고 소리치는 손님들의 목소리, 바쁘게 뛰어 다니는 종업원들의 그림자, 계산대의 행렬, 그리고 여기저기 테이블에 방치된 빈 그릇들. 음식 맛을 전혀 알 수 없었다. 나는 엄청난 스피드로 꾸역꾸역 음식을 입에 계속 집어넣었다.

30분 기다려서 10분 만에 식사를 마쳐버렸다. 그때서야 비로소 맞은편의 노인에게 모둠솥밥이 나왔다. 왠지 그의 손을 잡고 '다행이에요!' 라고 외치고 싶은 기분이었다.

전표를 가지고 계산대로 가서 줄을 섰다. 여긴 생각보다 오래 기다리지 않고 계산대에 전표를 놓고 지갑에서 지폐를 꺼내려는데,

"손님, 정말 오래 기다려주셔서 어쩌고저쩌고…" 라는 말이 들렸다. '네~?' 하고 얼굴을 드니, 계산대에 있는 사람은 중년의 점장으로 보이는 남자였다.

"네? 뭐라고요?"

나는 되물었다. 단순히 어쩌고저쩌고 라는 부분이 들리지 않았기 때문이다. 내가 되물은 것이 점장에게는 화를 낸 '아니! 뭐라고요!?' 라고 들린 모양이다. 그는 기어들어가는 목소리로 "너무 오래 기다리게 해서 정말 죄송합니다. 식사비는 받을 수 없습니다…." 라며 눈을 살짝 올려 나를 쳐다보는 것이 아닌가.

어머나! 기다리게 했다고 공짜라는 것은 들어본 적이 없어요. 게다가 아저씨, 전 요즘 어디에 가도 늘 기다린답니다. 약국에 가도 기다리고, 표를 끊으러 가도 기다리고, 택시를 타려고 해도 엄청나게 긴 줄을 서고, 조급함의 결과론으로 기다림을 부르는 듯한 느낌도 들지만, 아무튼 맨 날 기다리고 또 기다리는 인생이니까 그렇게 공짜로 해주지 않아도 되요… 라는 마음으로 가득 차서, "아뇨. 괜찮아요. 지불할게요." 라고 조심스럽게 말했다.

점장으로 보이는 그 남자는 곤란한 표정으로 "그럼, 반값만 받겠습니다." 라며 더 작은 목소리로 말한다. 899엔이 정가니까 반값은 약 450엔인데, 500엔짜리 동전을 내었더니 100엔을 거스름돈으로 돌려주었다. 왠지 모르게 멍한 기분으로 음식점을 나왔다.

'아, 맞다.' 약속이 생각이 나서 정오가 지난 무렵, 서둘러 거리를 달리며 넋이 나간 듯한 내 모습이 느껴졌다.

어쩌면 분노는 내게 힘이 되는지도 모르겠다. 힘을 불끈불끈 낼 수 있는 때에, 장난으로 결말이 나버린 것처럼 '돈을 안 받겠다.'는 말로 인해 마지막으로 불타오르는 잔해에 물을 끼얹어진 듯한 기분이었다. 화내고 싶을 때, 화의 근원을 잡히는 것은 이렇게 개운치 못한 것이다.

점심값이 반값으로 되는 것 보다 낼 돈 다 내고 바락바락 화를 내고 싶다. 그렇게 하는 것이 건강에 훨씬 좋을 것 같다. 그런 생각을 하며 약속장소에 갔더니 무슨 일인지 약속시간에 오지 않는 상대를 지루하게 기다리고 있는 나를 보았다. – 가쿠타 미츠요 『행복한 가격』에서 발췌

| **작가소개** | 가쿠타 미츠요(角田光代)

1967년 가나가와현 출생. 와세다대학 문학부 졸업. 1990년 「행복한 유희」로 데뷔. 1996년 『조는 밤의 여름』으로 노마문학상. 2003년 『공중정원』 이 부인공론문학상. 2005년 『대안(対岸)의 그녀』로 나오키상 수상. 2007년 『8일째의 매미』로 중앙공론문학상.

저서 :『한 여름의 꽃』『인생 베스트 』,』『3월의 초대장』『숲에 잠자는 물고기』 외 다수.

환상의 소스

밖에서 맛있는 것을 먹을 때면 "음, 이 맛은 꼭 따라 해 볼 거야"라는 생각이 든다.

이럴 때 나는 늘 정해진 자세를 취한다. 전신의 힘을 빼고 오른 손을 오른 쪽 관자놀이에 가볍게 대고 눈을 지그시 감는다.

레스토랑의 시끌벅적 왁자지껄한 소음, 음악, 마주하고 있는 친구들의 대화도 모두 사라지고, 나는 어둠속에 홀로 앉아 무념무상으로 그 맛에만 집중한다.

어찌된 일인지, 이럴 때면 모든 신경이 유리구슬만큼 커져서 오른 눈 쪽으로 쑤~욱 모여드는 듯한 느낌이 들면 "이 맛은 알겠다."가 된다.

요리명인이 심혈을 기울여 만든 맛을 익히고, 훔치고, 기억해서, 잊어버리기 전에 나 스스로 재현해 본다. 이것이 나만의 요리 공부방법이다.

"머리라도 아픈 거야?"

모르는 분은 이렇게 걱정을 한다. 나는 로댕의 "생각하는 사람"이나 눈을 감고 지휘하는 카라얀이 된 것 같은데 입이 걸쭉한 친구는 맹인협객 자토이치(座頭市)와 마주앉아 밥을 먹고 있는 것 같다고 한다. 아무래도 가끔 눈 흰자위가 보이는 모양이다.

말하고 싶은 사람은 말하게 놔두죠 뭐.

악보도 없고 방정식도 없이 '맛'을 익히기 위한 것이다.

폼을 생각할 여유가 없다.

이런 방법으로 나는 미역과 죽순으로 만든 맑은 국인 와카다케완(若竹椀)과 돼지고기와 야채로 만든 사와니완(澤煮椀), 간장 드레싱과 마늘 달걀요리인 닌니쿠다마고(にんにく 玉子) 등을 우리 집 레퍼토리에 추가할 수가 있었다.

웬만한 요리는 약간의 요령을 주방장에게 묻는 정도로 어떻게든 비슷한 맛을 재현할 수 있지만, 단 한 가지 어디서부터 어떻게 시작해야 좋을지 도무지 알 수 없는 맛이 있었다.

5년 전에 파리에서 먹었던 페이퍼 스테이크에 올려 진 소스다. 오페

라극장 앞 지하에 있는 작고 아담한 식당에서 포르투갈 가수이자 여배우인 아마리아 로드리게스(Amália Rodrigues)의 전통음악 파두(Fado)를 들을 때 디너로 나온 것이었다. 다갈색의 감칠맛이 있는 소스는 아주 깊은 맛으로 나를 압도했다. 내 식(食)의 40여년 역사에서 처음 맛 본 환상의 맛이었다. 무엇과 무엇을 넣어 어떻게 만들었는지 전혀 감을 잡지 못한 채, 나는 여느 때처럼 오른 손을 관자놀이에 대고 맛을 익히려고 눈을 감았다.

무대에서는 검은 드레스의 아마리아 로드리게스가 그즈음 파리에서 유행하기 시작했던 '오·샹젤리제' 노래 지도를 하고 있었다. 너무 큰소리로 노래하면 익힌 맛을 잊어버릴 것 같아 작은 소리로 따라 불렀다.

돌아오는 비행기 안에서도 가끔 익힌 맛을 되새기며, 함께한 논픽션작가 사와치 히사에(澤地久枝)여사에게 일본에 돌아가면 같은 것을 만들어서 대접하겠다고 약속했다.

자, 이렇게 되면 물러설 수는 없다.

도쿄에 돌아와 시차적응이 되자 나는 곧바로 프랑스요리책을 뒤져 프랑스요리연구가인 쯔지 시즈오(辻静雄)의 『즐거운 프랑스요리』책에 이 소스를 만드는 방법이 나와 있는 것을 찾아냈다.

정식이름은 글라스 드 비앙드(glace de viande), 육수를 절반 정도로 졸이면 데미글라스 소스가 되고 다시 졸이면 글라스 드 비앙드 소스가 된다.

재료 표와 만드는 방법을 읽고 깜짝 놀랐다.

소스 완성품 5리터를 만들려면, 소 사태고기 3킬로그램, 송아지 사태고기 2킬로그램, 송아지 뼈 1킬로그램, 버터 200그램, 마늘, 양파, 대파 200그램, 셀러리 70그램, 파슬리, 월계수 잎 등을 묶어 만든 부케가르니(bouquet garni),마늘 1개, 낱알후추 10개, 정향나무 꽃봉오리 말린 것 1개, 물 8리터, 소금 15그램이 필요하다.

이것들을 다 손질하고, 두드리고, 순서대로 올리고, 볶고, 끓이다가 약한 불로 5시간 동안 땀범벅이 되며 졸이고, 다시 강한 불로 끓이다가, 뭉근한 불로 뼈에 국물을 부어 적셔가며 또 3시간 졸여 녹인 다음, 거품을 걷어내고, 기름을 건져내고 요리용 체에 걸러 다시 물을 넣고 수 시간 끓인다. … 끝이 없어 생략하겠지만, 아무튼 10시간 이상이 걸렸다.

하루 종일 온 몸이 땀으로 푹 젖은 해질녘 무렵에야 겨우 작은 냄비 가득 다갈색의 젤리 같은 소스가 만들어졌다.

얼른 페이퍼 스테이크를 만들어 오른 손을 관자놀이에 대고 눈을 지그시 감고 모든 신경을 오른 눈의 안쪽으로 모아 맛을 보았다. 비슷했다. '오·샹제리제'다.

곧바로 사와치 히사에 여사에게 전화해서 성공했음을 알리고 우에다 이츠코(植田いつ子) 여사도 초대하여 가까운 날 시식회를 하겠다고 큰소리쳤다.

그런데 유감스럽게도 이것을 실현하지는 못했다.

매주 한차례 오는 도우미 아주머니가 조린 국물이 상한 것으로 착각하고 그만 버리고 말았던 것이다.

파리에서 먹은 그 맛도, 단 한 번 밖에 맛볼 수 없었던 우리 집의 환상적인 소스 맛도 날이 갈수록 먼 옛일이 되어가고 있지만, 그 날의 고생이 너무 허망하여 엄두를 못 내고 있다.

-『미세스』 1978. 2월호에서 발췌

| **작가소개** | 무코다 쿠니코 (向田邦子) (1929-1981)

도쿄출생. 각본가, 소설가, 짓센여전(実践女専)국문과 졸업. 각본가로서 「7인의 손자」, 「시간이 되었어요」 등 다수의 히트작을 발표. 그 후 에세이집과 소설을 발표하여 인기를 모았다.

단편소설: 『꽃이름』, 『개집』으로 나오키상(直木賞)수상.

그 밖에 『추억의 카드게임』, 『테라우치 칸타로 일가(寺内貫太郎1家)』, 『무코다 쿠니코 전집』, 『무코다 쿠니코 시나리오집』. 에세이집: 『아버지의 사죄장』, 『옆집 여자』, 『행복』 외 다수

작은 여행

일이 바쁠수록 여행을 떠나고 싶어진다. TV드라마의 원고마감일에 송고가 늦어져 옴짝달싹 못하는 상황임에도 불구하고 가마쿠라에 사는 친구의 "산나물 먹으러 놀러와." 라는 유혹에 그만 빠져버렸다.

전화기에 "잠시 외출합니다만, 우리 아파트 근처에 있으니 5분이면 돌아옵니다." 라는 녹음테이프를 세팅했지만, '거짓말도 양심은 있어야지.' 라는 생각에 "근처에 잠시 볼일이 있어 나갑니다." 라는 녹음으로 바꿔 놓고 집을 나왔다.

내게는 편도 한 시간 반 정도인 가마쿠라(鎌倉)에 가는 것도 작은 여행이다. 도쿄의 도심 한 가운데에 살고 있는 탓일까, 서쪽으로 다마(多摩)

강, 동쪽으로 스미다(隅田) 강을 넘으면 이미 그건 여행이다. 전차가 이 두 개의 강을 건널 때 나는 소리는 참을 수 없을 정도로 짜릿하고 통쾌하게 들린다.

거기서부터 창밖으로 펼쳐지는 경치는 사뭇 달라진다. 사실은 다마 강의 철교를 건너면 그 주변에서부터 억새로 이은 가야부키(茅葺き) 지붕을 한 집들이 있고, 논에는 소가 쟁기를 끌고 있어야 당연하지만, 요즈음은 아무리 눈을 씻고 봐도 보이는 것은 택지개발을 하는 불도저들만 눈에 들어와 그런 것은 기대조차 안한다. 다만 푸른 녹음이 확연히 달라 보인다고 내게 말을 한다.

우리 집 근처의 녹음 같은 건 일에 쫓겨 제대로 본 적도 없기에 그 차이를 알 수는 없지만, 여기는 역시 다르다고 생각하지 않으면 뭘 위해 여행을 왔는지 알 수 없게 된다.

여행은 비행기가 아닌 편이 좋다.

3개월 전에 가고시마(鹿児島)에 2박 3일 여행을 했다. 초등학교 시절 2년 정도 살은 적이 있어 살았던 집, 선생님, 반 친구들을 만나는 센티멘털한 여행이었지만, 유년시절 콧구멍이 새까맣게 되어 28시간이나 걸리던 것이 불과 1시간 45분의 하늘여행이 되었다. 그 사이에 낀 40년이라는 세월과 내 몸에 남아있는 '가고시마는 멀다.'라는 감각이 뒤엉켜 너무나 가까워져 고마움이 엷어진 느낌이 들었다.

창밖으로 트럼프의 카드놀이처럼 네모난 경치가 바뀌어 간다.

큰 여행이든 작은 여행이든 이것이 가장 큰 즐거움이다.

기분 좋은 꿈은 금방 잠에서 깨는 것처럼 즐거운 여행은 금방 끝나 버린다.

두릅의 새순과 팥잎으로 만든 튀김, 호오바미소(朴葉味噌)*와 아침에 막 캔 싱싱한 죽순까지 살림살이 어려워 세밑까지 고달프게 일하다 허기져 먹는 사람처럼 배를 채웠으니 또 도쿄에 돌아가야만 한다.

여행이 끝나고 돌아가는 길은 마치 거스름돈과 같다.

호주머니 밑바닥에 얼마 남지 않은 잔돈을 딸랑딸랑 흔들며 아쉬워하듯 '아~아~ 끝나버렸구나!' 가벼운 피로와 허무함. 번거로운 일상으로 돌아가는 울적하고 답답함.

그럼에도 불구하고 익숙한 정든 내 집의 편안한 목욕물에 또 다시 몸을 담그면 안온한 느낌이 든다.

한 달 걸려 외국을 다녀왔을 때나 반나절인 가마쿠라에의 작은 여행이나 이것만은 똑같다.

–『잠자는 술잔』에서 발췌

*호오바미소(朴葉味噌) : 박 잎에 미소를 발라 그 위에 파, 표고버섯 등 산채를 얹어 화로구이로 먹는 기후현 다카야마 지방의 향토요리.

| **작가소개** | 무코다 쿠니코(向田邦子) (1929-1981)

넓은 들판 아래서

옛날 내가 아직 학생이었을 때 신주쿠(新宿)의 니시구치(西口) 방면에는 아무것도 없었다. '아무것도 없었다.'라고 하는 건 '특기할 만한 것이 아무것도 없었다.'라든지, '어떤 가치 있는 것이 아무것도 없었다.'라든지 그런 복잡한 것을 의미하는 것이 아니라 정말 말 그대로 아무것도 없었다. 다르게 표현 하자면 그냥 텅 비어있는 넓은 들판뿐이었다. 지금은 고층건물, 호텔들과 도청 등이 빌딩 숲을 이루고 있다.

그래서 뭐가 편리해졌냐고 묻는다면, 선뜻 대답할 수는 없지만 조금은 편리해진 것 같기도 하다. 무척 많은 사람들이 그 지역으로 통근하거나 쇼핑하러 오는 셈이니까. 그러나 나=무라카미로서는 특별히 편리하게 되었다는 실감은 나질 않는다. 신주쿠 니시구치가 옛 들판 그대로여도

전혀 불편하지 않았다는 느낌이다. 굳이 말하자면, 오히려 그 편이 상쾌해서 더 좋았다는 느낌마저 든다.

아무것도 없는 곳이었지만 장래의 도시계획의 일부로써 그 당시부터 지하도만큼은 비교적 제대로 정비되어 있었다. 신주쿠에서 놀다가 밤늦게 되면, 기숙사나 하숙집에 돌아가기도 번거로워질 때, 그리고 그다지 춥지 않을 때라면 친구와 함께 그곳에서 빈둥거리곤 했다. 그 당시에는 아직 노숙자가 없었다. 비슷한 또래의 젊은이들이 삼삼오오 아침까지 시간을 보내고 있을 뿐이었다. 지하도는 깨끗하고 안전해서 다른 말로 표현하자면 공동체와 같은 친근함이 배어 있었다.

언젠가 사진가 지망생인 친구가 내 포토레이트(photorait)를 찍어주었다. 흑백사진이다. 나는 콘크리트 바닥에 앉아 벽에 기댄 채 담배를 피우고 있었다. 다림질 되어 있지 않은 반소매 셔츠를 입고 블루진에 스웨이드 디저트 부츠를 신고 뭔가 상당히 불만이 가득 찬 반항하는 눈빛이었다. 뭐가 어찌돼든 상관없다는 표정을 하고 있었다. 시간은 오전 3시였고 아마 1968년 여름으로 생각된다.

그는 그 사진이 마음에 들어 크게 확대해서 내게 주었다. 전에도 쓴 적이 있는데, 나는 사진 찍히는 것을 좋아하지 않는다. 그런데도 그 사진만은 나 스스로도 나쁘지 않다고 생각했다. 거기에는 '나'라는 인간이 안고 있는 것들이 생생하게 드러나 있었고, 거친 입자가운데 그 시절의 공기가 선명하게 잘 나타나 있었다. 오랫동안 그 사진을 소중히 간직하고 있었는데, 여러 차례 이사하는 사이에 없어져 버렸다.

그 사진을 찍었던 밤을 아직도 잘 기억하고 있다. 가까이에 혼자서 우두커니 웅크리고 앉아있는 야윈 사내아이가 있었기에, 말을 걸어 이야기를 나누었다. 다치가와(立川)의 고등학교 3학년생이었다.

"집에 돌아가고 싶지 않아!"

"여자 친구가 임신을 했는데 상대가 내가 아니래…." 라고 그가 말했다.

그래서 딱히 뭐라 위로할 수도 없었지만, 어쨌든 위로해 보려고 서툴게 애를 썼던 기억이 난다. 모두 어떻게 되었을까 ?

신주쿠 니시구치에 나갈 때마다 '옛날 여기에는 그냥 넓은 들판이 있었는데 말이야 !'라는 생각이 든다.

생각한다고 해서 뭐가 어떻게 바뀌는 것도 아닌데…

무라카미 하루키 작 / 『무라카미 라디오』 (신쵸샤)에서 발췌

인술(仁術)의 속담

내게는 아내에게 도저히 얼굴을 들 수 없는 일이 있다. NHK특파원으로 러시아와 오스트리아 등에서 14년간이나 살았지만, 단신부임을 한 적이 없다.

부임할 때마다 아내가 함께 따라와 주었다. 그러는 사이에 아이가 셋이나 되었다. 아이가 어릴 때는 문제될 일이 많지 않지만, 학교에 다닐 나이가 되고 수험기(受驗期)를 맞이할 때면 꽤 어려워진다.

해외에 나가면 가족끼리 교제를 많이 하게 된다. 단신으로 부임해서 레스토랑에서 접대하고 차를 나눌 수도 있지만, 진정으로 마음을 열고 교제를 나누기에는 집에서 함께하는 식사를 빼놓을 수 없다. 아내에게는 그런 것을 이유로 들면 언제나 함께 따라와 주었다.

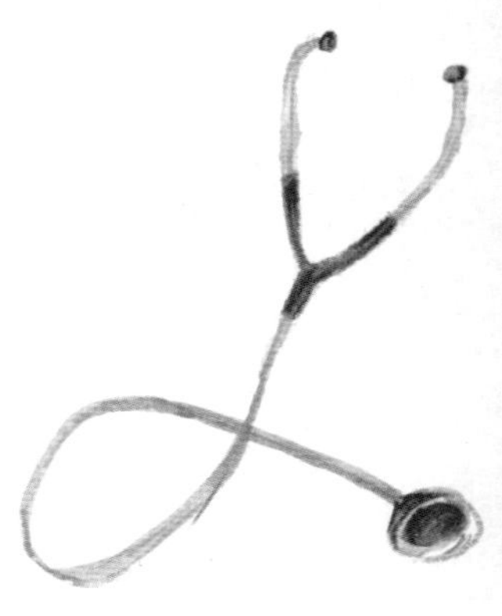

곤란했던 것은 세 번째의 모스크바 근무 때였다. 주재명령을 받고 집에 돌아가 가족들에게 말했더니 아이들이 대뜸 말했다. "아빠! 또 뭔가 잘못한 일이 있는 거야?"

음식도 맞지 않아 힘들고 자유롭지 못한 생활을 한 적이 있는 아이들 눈으로 보면, 러시아로의 근무는 좌천이라고 생각할 수 있다.

내 설명은 간단했지만 아내가 "이번에는 당신 혼자 가 주세요!" 라고 한다. 이유는 아이들이 모두 수험기를 맞게 된다는 것이었다. 그 말에는 좀 난처하다는 생각도 들었지만, 문득 좋은 아이디어가 떠올랐다.

"수험생일 때 부모가 옆에서 돌봐 주는 것이 일반적인 것은 알아. 그런데 잘 생각해봐. 부모가 같이 있다고 아이 머리가 좋아지는 걸까. 아이를 믿고 맡겨보자고!" 내가 생각해봐도 멋진 설득이었다.

이리하여 마지막 해외근무에도 아내가 동행했다. 이때 아이들은 하나는 영국대학에, 또 하나는 NHK 학생기숙사에, 나머지 하나는 우리와 함께 하기로 했다. 주변에서는 대단히 차가운 부모라는 말들을 했었던 것 같은데 아무도 그렇게 하지 않았기에 내 판단이 그다지 잘못 되지 않았으리라 생각된다.

외국에 나가 살게 되면 일본에서는 맛볼 수 없는 즐거움도 있지만, 곤란한 일도 많다.

그 중에 가장 걱정되는 것이 의사선생님과의 교제다. 어느 정도 외국어는 가능하지만 현지 의사에게 자신의 아픈 상황을 정확하게 전달한다는 것은 우선 불가능에 가깝다.

모스크바 근무로 오카다 요시코(岡田嘉子)씨와는 가깝게 지내고 있었다. 그녀는 나와 달리 러시아어를 제대로 구사한다. 여배우로서 무대에 서고 낭독도 하고, 말하기도, 쓰기도 러시아인 이상의 실력을 가지고 있다. 그런 오카다씨도 의사에게 진찰을 받을 때는 어렵다고 한다.

"콕콕 찌르듯이 아프다든가, 뭔지 모르게 위가 무겁다든가 제대로 전달하기가 쉽지 않다." 고 말한다.

부모도 친척도 없이 외국인에게 둘러싸여 아이들을 키우고 있을 때 아이가 병이 나면 굉장히 마음이 불안해진다. 가벼운 감기인데도 나쁜 쪽으로 나쁜 쪽으로 마음이 옮겨간다. 그리고 그런 부모의 걱정이 아이에게도 전해져 악순환을 일으킨다.

빈에서 살았을 때 지인의 소개로 우리 집 홈닥터가 되어주었던 분은 그란데씨라는 중년 여의사였다. 프라우 닥터 그란데라고 불렀다.

키가 크고 얼굴에 기미가 있고, 폭스바겐의 풍뎅이 차로 왕진하러 와

주었다. 풍뎅이 차는 학생들이 타는 차로 닥터에게는 어울리지 않는다. 그란데씨는 그런 것은 전혀 신경 쓰지 않는 성격이었다.

아이들 진찰을 하면서 잡담이나 수다도 떤다. 진찰을 끝내고 잠시 우리들과 세상 이야기를 나눈다. 그런 분위기에 묻혀 진찰전의 걱정은 사라지고 안심하게 된다. 부모도 아이도 그란데씨의 따뜻하고 평안한 진찰로 예민해지지 않고 끝나게 된다. 장수풍뎅이 차를 타고 우리 집을 떠날 때 우리들은 마음속으로 감사하며 배웅했다.

그란데씨에게 중대한 상담을 한 적이 있다. 세 번째 아이가 생긴 것이다. 낳으려고 해서생긴 것은 아니다. 외국에서 키우기에는 아이는 둘이 한계라고 생각하고 있었다. 아니 그보다 셋은 아무래도 무리라는 편이 솔직한 심정이다. 임신이라는 걸 알고, 우리 부부는 이런 솔직한 마음 쪽으로 기울었다.

그러나 오스트리아는 가톨릭 국가였다. 중절이 가능할 리 없다. 고민 끝에 그란데씨와 상담을 하게 되었다. 우리들의 사정을 설명했다. 중절을 하고 싶다고 직접 말한 것은 아니지만, 우리들이 생각하고 있는 것들을 닥터에게는 충분히 알렸다.

"고바야시씨! 그런 생각은 하지 마세요. 오스트리아에는 이런 속담이 있습니다. 기대하지 않았는데 태어나 주는 아이는 행운을 가져다준다."고 하는 속담입니다.

"용기를 가지고 낳으세요!"

닥터의 말을 듣고 '역시 그런가!' 라는 조금은 실망도 했지만, 이렇게 신이 주신 선물을 훌륭하게 키워보자는 마음도 들었다.

그렇다고는 해도 왠지 들어 본 적이 없는 속담이 있네.

지국(支局)의 조수를 하고 있던 빈 대학의 여학생에게 물었지만, 그녀도 모르겠다고 한다. 대학원을 목표로 하는 학생이라 조사를 하는 것은 누워서 식은 죽 먹기다. 어떠한 경위로 만들어진 속담인지 그녀에게 조사해 주도록 부탁했다.

곧바로 회답이 있기를 기다렸지만, 좀처럼 조사가 되지 않았다. 일주일 정도 지나 결과가 나왔다. "알아냈습니다. 그런 속담은 오스트리아에는 없습니다."

이것이 조수인 그녀의 조사결과였다.

프라우 닥터 그란데는 이마에 주름이 잡힌 채로 상담하는 우리들에게 용기를 주기 위해 즉석에서 만들어낸 속담이었다.

고마운 속담이다.

우리들의 망설임은 응어리가 풀리듯 개운해졌고, 용기를 가지고 건강하게 태어나기를 기다렸지만 딸아이는 임신 7개월에 1,300그램의 미숙아로 태어났다.

병원에서 담당 의사에게 "댁에 두 아이가 있네요." 라는 말을 들었을 때는 이것이 선고(宣告)인가 싶어 움츠러들었지만, 닥터는 이어 말한다. "1초 살게 되면 2초의 가능성이 있습니다. 2초 살게 되면 4초, 4초에서 8

초라는 기하급수적으로 생명이 연장되는 가능성이 높아집니다. 그러기 위해서는 모유가 필요합니다. 어머니, 모든 힘을 다해 모유를 만들어 주세요!"

오스트리아 최후의 황제 프란츠 요셉이 만들었다는 성(城)처럼 생긴 유아(乳兒)병원의 보육기 안에 딸아이는 들어가 있었고, 나는 아내가 짜 주는 모유를 아침저녁으로 계속 가져다주었다.

1,300그램의 딸아이는 건강한 우량아로 잘 커 주었다.

딸은 성장하여 태어난 사정을 알고, "아~ 그래요. 나는 기대하지 않았는데 태어난 거네." 라는 말은 하지만, 동물을 좋아해서 생명을 소중히 여기는 사람으로 잘 커주었다. 동물을 그렇게 좋아하더니 수의사가 되어 지금 개, 고양이를 치료하는 동물병원을 운영하고 있다.

친구들이 "고바야시 딸은 효녀다. 부모를 치료해 주기 위해 수의사가 되었다"는 등 내 건강을 부러워하며 가볍게 농담들을 자주 한다.

그런데 우리 집에서는 그란데씨의 속담은 거짓말도 아니고 즉석에서 만들어 낸 임시방편(方便)도 아닌 훌륭한 속담으로 굳게 믿고 있다.'

-「神奈川県医師会報」 10월호에서 발췌

| **작가소개** | 고바야시 카즈오(小林和男)

1940년생. 나가노켄(長野県)출신., 동경외대 러시아어과 졸. 저널리스트. 사쿠신가쿠인 대학(作新學院大學)교수 역임. 현재 고문. NHK 모스크바 지국장, NHK 해설주간 역임. 일본 에세이스트 클럽상 심사위원. 저서에 『에르미타쥬의 단장(緞帳)』으로 일본에세이스트 클럽상 수상.

그 외에 『빈의 동쪽』, 『동유럽 조크집』 등 다수.

수필문학사 수필선집 · 412

김하영수필집

만나고 헤어지는 길목에서

2016년 10월 25일 초판 인쇄
2016년 10월 30일 초판 발행

지은이 / 김하영
발행인 / 강석호

발행처 / 도서출판 教音社
편집 / 隨筆文學社 편집부

03147 서울 종로구 삼일대로 457 수운회관 1308호
Tel (02) 737-7081, 739-7879(Fax)
e-mail : gyoeum@daum.net

등록 / 제300-2007-52호

* 잘못된 책은 바꿔 드립니다. 값 11,000원

ISBN 978-89-7814-693-7 03810

이 도서의 국립중앙도서관 출판예정도서목록(CIP)은 서지정보유통지원시스템 홈페이지(http://seoji.nl.go.kr)와 국가자료공동목록시스템(http://www.nl.go.kr/kolisnet)에서 이용하실 수 있습니다. (CIP제어번호 : CIP2016025737)